Het levendige bietenkookboek

Ontdek de voedingsvoordelen en veelzijdige toepassingen van bieten tijdens het koken met 100 verrukkelijke recepten voor elke gelegenheid

Conor McKenna

Auteursrechtelijk materiaal ©2023

Alle rechten voorbehouden

Geen enkel deel van dit boek mag in welke vorm of op welke manier dan ook worden gebruikt of verzonden zonder de juiste schriftelijke toestemming van de uitgever en de eigenaar van het auteursrecht, met uitzondering van korte citaten die in een recensie worden gebruikt. Dit boek mag niet worden beschouwd als vervanging van medisch, juridisch of ander professioneel advies.

INHOUDSOPGAVE

INHOUDSOPGAVE **3**

INVOERING **7**

ONTBIJT **8**

   1. Kommetje frambozen- en amandelmelk 9

   2. Roze ingemaakte eieren 11

   3. Bietenlatkes 13

   4. Lancaster bieten & eieren 15

   5. Bieten, Spinazie en Eieren 17

   6. Bietenhasj met eieren 19

   7. Ontbijtpizza met bietenkorst 21

   8. Frittata van bieten en geitenkaas 23

   9. Smoothiekom met bieten en bessen 25

   10. Biet en zoete aardappel-hasj 27

   11. Toast met biet en avocado 29

   12. Bieten-yoghurtparfait 31

   13. Ontbijttaco's met biet en wortel 33

   14. Toast met biet en ricotta met balsamico-glazuur 35

   15. Ontbijtkom met biet en quinoa 37

   16. Chiapudding met biet en chocolade 39

   17. Ontbijtkoek met bieten en worst 41

   18. Ontbijttaart met biet en geitenkaas 43

SNACKS EN VOORGERECHTEN **45**

   19. Bietenchips 46

   20. Dille & Knoflookbieten 48

   21. Voorgerechtsalade met bieten 50

   22. Bietenboten 52

   23. Bietenbeignets 54

24. Gevulde bieten 56
25. Geroosterde bietenhummus 58
26. Crostini met biet en geitenkaas 60
27. Bieten-feta-dip 62
28. Tartaar van biet en avocado 64
29. Beignets met biet en wortel 66
30. Salade van biet en appel 68
31. Bietendip Met Feta En Munt 70
32. Bieten-kikkererwtenpasteitjes 72

HOOFDGERECHT 74
33. Spaanse makreel gegrild met appels en bieten 75
34. Rode bietenrisotto 78
35. Bietenschuivers met microgreens 80
36. Garnalen Met Amarant & Geitenkaas 83
37. Gegrilde coquilles en boerenkool met een frisse bietensaus .. 86
38. Risotto van bieten en gerst 89
39. Gevulde kip met rode biet en feta 92
40. Risotto van bieten en paddenstoelen 94
41. Risotto van bieten en geitenkaas 96
42. Roerbak van bieten en champignons 98

SALADES 100
43. Bieten met Oranje Gremolata 101
44. Bieten Met Groenen En Geschaafde Abrikozen 103
45. Bieten Venkel Salade 106
46. Bietenhazelnootsalade 108
47. Bieten-tomatensalade 110
48. Gemengde groene salade met bieten 112
49. Salade van regenboogbiet en pistache 114
50. Roze Salade 116

51. Gele Bietensalade Met Peren 119

52. Salade van bieten en tofu 121

53. Salade van grapefruit, biet en blauwe kaas 123

54. Aardappelsalade 125

55. Saffraanquinoa en geroosterde bietensalade 127

56. Salade van Geroosterde Bieten Met Krokante Geitenkaas & Walnoten 130

57. Komijn Geroosterde Wortelgroenten 134

58. Salade van boerenkoollinzen en geroosterde bieten 137

59. Bietensalade Met Gekruide Yoghurt En Waterkers 140

60. Salade van rode biet en geitenkaas 143

61. Salade van bieten en geitenkaas 145

62. Salade van bieten en sinaasappel 147

SOEP 149

63. Bieten Borsch 150

64. Kool & bietensoep 152

65. Bieten-karnemelksoep 154

66. Bietencurry 156

67. Crème van bietensoep 158

68. Spinazie en bietensoep 160

69. Bietensoep 162

70. Curry van biet en kikkererwten 164

71. Rode biet en rundvleesstoofpot 166

72. Geroosterde Bietensoep 168

73. Romige Bietensoep 170

74. Pittige Bietensoep 172

75. Bieten-Wortelsoep 174

ZIJDEN 176

76. Bieten Met Mosterdzaadjes En Kokosnoot 177

77. Geroosterde wortelgroenten 179

78. Bieten in Grand Marnier 181

79. Bieten in zure room 183

80. Cranberrybieten 185

81. Honingbieten 187

82. Geroosterde Bietenpartjes 189

SAUZEN EN RELISHEN 191

83. Bietenmarmelade 192

84. Rode biet Relish 194

85. Ingemaakte Bieten 196

NAGERECHT 198

86. Ganache van bieten-limoen 199

87. Bietentaart 202

88. Bietengratin 204

89. Bietengroene soufflé 206

90. Bietenmousse 208

91. Bieten-notenbrood 210

92. Taartje Geroosterde Bieten En Geitenkaas 212

93. Bieten-fetataart 214

DRANKJES 216

94. Komkommer-bietendrank 217

95. Smoothie van appel, biet en aardbei 219

96. Bietensap met Gember en Citroen 221

97. Smoothie van biet en ananas 223

98. Smoothie van bieten en bessen 225

99. Bieten- en wortelsap 227

100. Bietenkwas 229

CONCLUSIE 231

INVOERING

Ben je op zoek naar een nieuw ingrediënt om toe te voegen aan je keukenrepertoire? Zoek niet verder dan de eenvoudige biet! Vaak over het hoofd gezien in het gangpad, zijn bieten een knolgewas dat boordevol voedingsstoffen zit, van vitamines en mineralen tot antioxidanten en nitraten.

Maar bieten zijn niet alleen goed voor je, ze zijn ook ongelooflijk veelzijdig in de keuken. Van geroosterde bietensalades tot bietenhummus, bietenburgers en zelfs bietenbrownies, er zijn eindeloos veel manieren om bieten in je keuken te verwerken. Bovendien voegt hun levendige kleur een prachtige pop toe aan elk gerecht.

In dit kookboek delen we 100 verrukkelijke recepten die de veelzijdigheid en voedingswaarde van bieten laten zien. Of je nu een doorgewinterde bietenliefhebber bent of nieuw bent in deze knolgewas, we hebben recepten voor elke gelegenheid, van stevige hoofdgerechten tot verfrissende bijgerechten en zoete lekkernijen.

We zullen ook enkele van onze beste tips en technieken voor het koken met bieten delen, zodat je het meeste uit dit heerlijke en voedzame ingrediënt kunt halen. Pak dus een exemplaar van dit kookboek en begin met het verkennen van de wereld van bieten - je smaakpapillen (en je lichaam) zullen je dankbaar zijn!

ONTBIJT

1. Kom frambozen- en amandelmelk

Maakt: 3

INGREDIËNTEN:
- 1 kopje bevroren frambozen
- ¼ kopje collageenpeptiden
- ¼ kopje MCT-olie
- 2 eetlepels chiazaad
- 1 theelepel bietenpoeder
- 1 theelepel biologisch vanille-extract
- 4 druppels vloeibare stevia
- 1 ½ kopje amandelmelk, ongezoet

INSTRUCTIES:

a) Combineer alle ingrediënten in een krachtige blender en mix tot een gladde massa.

b) Giet in 3 serveerschalen en serveer met je favoriete garnituur.

2. Roze Ingemaakte Eieren

Maakt: 6

INGREDIËNTEN:
- 6 eieren
- 1 kopje witte azijn
- Sap van 1 blik bieten
- ¼ kopje suiker
- ½ eetlepel zout
- 2 teentjes knoflook
- 1 eetlepel hele peperkorrels
- 1 laurierblad

INSTRUCTIES:
a) Verwarm het waterbad voor op 170 °F
b) Doe eieren in een zak. Verzegel de zak en plaats deze in het bad. Kook gedurende 1 uur.
c) Leg de eieren na 1 uur in een kom met koud water om af te koelen en pel ze voorzichtig. Meng azijn, bietensap, suiker, zout, knoflook en laurier in de zak waarin je de eieren hebt gekookt.
d) Vervang eieren in een zak door beitsvloeistof. Vervang in een waterbad en kook nog 1 uur.
e) Verplaats na 1 uur de eieren met beitsvloeistof naar de koelkast.
f) Laat volledig afkoelen voor het eten.

3. Bieten latkes

Maakt: 1 Portie

INGREDIËNTEN:
- 1 kopje fijngehakte verse bieten
- 2 eetlepels Maïzena
- 4 Eidooiers losgeklopt
- ½ theelepel suiker
- 3 eetlepels slagroom of onverdunde verdampte melk
- ½ theelepel Gemalen nootmuskaat
- 1 theelepel Zout

INSTRUCTIES:
a) Combineer alle ingrediënten in een mengkom.
b) Meng goed en bak op pannenkoekenwijze op een hete beboterde bakplaat of zware koekenpan.
c) Serveer met fruitmarmelade of confituur.

4. Lancaster bieten & eieren

Maakt: 1 partij

INGREDIËNTEN:
- 16 ons Bieten, gesneden ingeblikt
- ¾ kopje Cider azijn
- 6 eetlepels suiker, gegranuleerd
- 1 eetlepel beitskruid
- 1 kleine ui; in ringen gesneden
- ½ kopje; Water, heet
- 4 Ei; hard gekookt, gepeld
- 3 eetlepels Mayonaise
- 1 theelepel Mosterd, bereid
- ⅛ theelepel Zout

INSTRUCTIES

a) Giet vloeistof uit bieten in een middelgrote pan. Roer azijn, suiker en beitskruiden erdoor. Verwarm tot het kookpunt en laat vijf minuten sudderen.

b) Zeef in een maat van twee kopjes.

c) Combineer bieten en ui in een middelgrote kom; voeg een kopje van de beitsvloeistof toe; roer om te mengen; chillen.

d) Roer heet water door de resterende beitsvloeistof; giet over eieren in een middelgrote kom. Laat ongeveer een uur staan, meerdere keren keren, of tot de eieren dieproze zijn; laat de vloeistof weglopen. Koel de eieren tot ze klaar zijn om te vullen.

e) Halveer de eieren in de lengte; schep dooiers in een kleine kom; pureer goed.

f) Klop de saladedressing, mosterd en zout erdoor tot het mengsel licht en luchtig is. Stapel terug in wit.

g) Giet vloeistof af van bieten en uien; lepel in het midden van een serveerschaal. Leg de gevulde eieren in een ring langs de rand.

5. Koekepan Bieten, Spinazie En Eieren

Maakt: 2

INGREDIËNTEN
- 2 kleine bieten rood en goud
- 2 eieren
- 1 kopje spinazie
- 1 eetlepel kokosolie
- 1 theelepel basilicum
- ¼ theelepel peper
- ¼ theelepel zeezout

INSTRUCTIES
a) Schil de bieten en snij ze vervolgens in kleine stukjes. Bak met kokosolie, kruiden en kruiden in een koekenpan tot ze zacht beginnen te worden.

b) Duw de bieten naar de zijkant van de pan en breek de eieren erin. Kook een minuut of twee, afhankelijk van hoe je ze lekker vindt. Terwijl ze klaar zijn met koken, gooi je wat spinazie erin om op te warmen aan een andere kant van de pan.

c) Zodra alles klaar is, haal van het vuur en serveer warm!

6. Bietenhasj Met Eieren

Maakt: 4

INGREDIËNTEN:
- 1 pond bieten, geschild en in blokjes gesneden
- ½ pond Yukon Gold-aardappelen, geschrobd en in blokjes gesneden
- Grof zout en versgemalen zwarte peper
- 2 eetlepels extra vierge olijfolie
- 1 kleine ui, in blokjes gesneden
- 2 eetlepels gehakte verse peterselie
- 4 grote eieren

INSTRUCTIES:
a) Bedek bieten en aardappelen in een hoge koekenpan met water en breng aan de kook. Breng op smaak met zout en kook tot ze zacht zijn, ongeveer 7 minuten. Giet af en veeg de koekenpan schoon.

b) Verhit olie in een koekenpan op middelhoog vuur. Voeg gekookte bieten en aardappelen toe en kook tot de aardappelen ongeveer 4 minuten goudbruin beginnen te worden. Zet het vuur laag tot medium, voeg ui toe en kook, al roerend, tot ze zacht zijn, ongeveer 4 minuten. Pas de kruiden aan en roer de peterselie erdoor.

c) Maak vier brede kuiltjes in de hasj. Breek in elk een ei en breng het ei op smaak met zout. Kook tot het wit is gestold maar de dooiers nog steeds vloeibaar zijn, 5 tot 6 minuten.

7. Ontbijtpizza met Bietenkorst

Maakt: 6

INGREDIËNTEN:
VOOR DE PIZZAKORST:
- 1 kopje gekookte en gepureerde bieten
- ¾ kopje amandelmeel
- ⅓ kopje bruine rijstmeel
- ½ theelepel zout
- 2 theelepels bakpoeder
- 1 eetlepel kokosolie
- 2 theelepels rozemarijn fijngehakt
- 1 ei

TOPPING:
- 3 eieren
- 2 plakjes gekookt spek verkruimelden
- avocado
- kaas

INSTRUCTIES

a) Verwarm de oven voor op 375 graden
b) Meng alle ingrediënten voor de pizzabodem
c) Bak gedurende 5 minuten
d) Haal eruit en maak 3 kleine "kuiltjes" met de achterkant van een lepel of ijsvorm
e) Laat de 3 eieren in deze "putten" vallen
f) Bak 20 minuten
g) Bestrooi met kaas en spek en bak nog 5 minuten
h) Voeg meer rozemarijn, kaas en avocado toe.

8. Bieten En Geitenkaas Frittata

Ingrediënten:

1 grote biet, geschild en geraspt
6 grote eieren
1/4 kopje verkruimelde geitenkaas
1 el olijfolie
1/4 theelepel zout
1/4 theelepel zwarte peper
1/4 kopje gehakte verse peterselie

Instructies:

Verwarm de oven voor op 350 ° F.

Klop in een grote mengkom de eieren, geitenkaas, geraspte biet, zout en peper door elkaar.

Verhit de olijfolie in een grote ovenvaste koekenpan op middelhoog vuur.

Giet het eimengsel in de koekenpan en kook 2-3 minuten, tot de bodem gestold is.

Schuif de koekenpan in de oven en bak 8-10 minuten, tot de frittata gaar is.

Bestrooi met gehakte peterselie en serveer.

9. Smoothiekom met bieten en bessen

Ingrediënten:

1 grote biet, geschild en in blokjes gesneden
1 kopje bevroren gemengde bessen
1 banaan
1/2 kopje amandelmelk
1 el honing
1 tl vanille-extract
1/4 kopje muesli
1 el chiazaad

Instructies:

Voeg de in blokjes gesneden biet, bevroren bessen, banaan, amandelmelk, honing en vanille-extract toe aan een blender.

Mix tot een gladde en romige massa.

Schenk de smoothie in een kom.

Garneer met granola en chiazaad.

Serveer onmiddellijk.

10. Biet en Zoete Aardappelhasj

Ingrediënten:

1 grote biet, geschild en in blokjes gesneden
1 grote zoete aardappel, geschild en in blokjes
1 ui, in blokjes
2 teentjes knoflook, fijngehakt
2 el olijfolie
1/2 theelepel zout
1/4 theelepel zwarte peper
4 eieren

Instructies:

Verhit de olijfolie in een grote koekenpan op middelhoog vuur.

Voeg de in blokjes gesneden biet, zoete aardappel, ui en knoflook toe aan de koekenpan.

Laat 15-20 minuten koken, af en toe roeren, tot de groenten gaar zijn.

Kruid met peper en zout.

Breek de eieren in de pan en kook 2-3 minuten, tot het eiwit gestold is en de dooiers nog vloeibaar zijn.

Serveer onmiddellijk.

11. Bieten En Avocado Toast

Ingrediënten:

1 grote biet, geschild en geraspt
2 sneetjes volkorenbrood
1 avocado, in plakjes
1/4 theelepel zout
1/4 theelepel zwarte peper
1 el olijfolie
1 el gehakte verse koriander

Instructies:

Rooster de sneetjes brood.

Meng in een kleine mengkom de geraspte biet, zout, zwarte peper en olijfolie.

Verdeel het bietenmengsel over de toast.

Top met gesneden avocado.

Bestrooi met gehakte koriander.

Serveer onmiddellijk.

12. Bieten En Yoghurt Parfait

Ingrediënten:

1 grote biet, geschild en geraspt
1 kop Griekse yoghurt
1 el honing
1/2 kopje muesli
1/4 kopje gemengde bessen (optioneel)
Instructies:

Meng in een kleine mengkom de geraspte biet, Griekse yoghurt en honing.
Laag het yoghurtmengsel en de granola in een glas.
Top met gemengde bessen, indien gewenst.
Serveer onmiddellijk.

13. Bieten En Wortel Ontbijttaco's

Ingrediënten:

1 grote biet, geschild en geraspt
1 grote wortel, geschild en geraspt
4 kleine maïstortilla's
4 eieren
1/4 theelepel zout
1/4 theelepel zwarte peper
2 el olijfolie
1 el gehakte verse koriander

Instructies:

Verhit de olijfolie in een grote koekenpan op middelhoog vuur.

Voeg de geraspte biet en wortel toe aan de koekenpan.

Laat 10-15 minuten koken, af en toe roeren, tot de groenten gaar zijn.

Kruid met peper en zout.

Bak de eieren in een aparte koekenpan tot het eiwit gestold is en de dooiers nog vloeibaar zijn.

Verwarm de tortilla's in de oven of magnetron.

Stel de taco's samen door elke tortilla te vullen met het bieten- en wortelmengsel en een spiegelei.

Top met gehakte koriander.

Serveer onmiddellijk.

14. Toast met biet en ricotta met balsamico glazuur

Ingrediënten:

1 grote biet, geschild en geraspt
2 sneetjes volkorenbrood
1/2 kop ricottakaas
1 el balsamico glazuur
1 el gehakte verse basilicum

Instructies:

Rooster de sneetjes brood.

Smeer de ricotta op de toast.

Werk af met de geraspte biet.

Sprenkel de balsamicoglazuur over de biet.

Bestrooi met gehakte basilicum.

Serveer onmiddellijk.

15. Ontbijtkom met biet en quinoa

Ingrediënten:

1 grote biet, geschild en in blokjes gesneden
1 kopje gekookte quinoa
1/2 kopje gehakte boerenkool
1/4 kopje verkruimelde fetakaas
1 el olijfolie
1/4 theelepel zout
1/4 theelepel zwarte peper
1 el gehakte verse peterselie

Instructies:

Verhit de olijfolie in een grote koekenpan op middelhoog vuur.

Voeg de in blokjes gesneden biet toe aan de pan en kook 10-15 minuten, af en toe roerend, tot de biet gaar is.

Voeg de gehakte boerenkool toe aan de koekenpan en kook nog 2-3 minuten, tot de boerenkool geslonken is.

Kruid met peper en zout.

Meng in een mengkom de gekookte quinoa, het bietenmengsel en de verkruimelde fetakaas.

Verdeel het quinoamengsel in kommen.

Werk af met gehakte peterselie.

Serveer onmiddellijk.

16. Bieten en Chocolade Chia Pudding

Ingrediënten:

1 grote biet, geschild en geraspt
1/2 kopje chiazaad
2 kopjes amandelmelk
1/4 kop ongezoet cacaopoeder
1/4 kopje ahornsiroop
1 tl vanille-extract

Instructies:

Meng in een blender de geraspte biet, amandelmelk, ongezoet cacaopoeder, ahornsiroop en vanille-extract.

Mixen tot een gladde substantie.

Giet het mengsel in een mengkom.

Voeg de chiazaden toe en roer om te combineren.

Laat de pudding minimaal 30 minuten of een nacht in de koelkast staan.

Koel Serveren.

17. Bieten En Worst Ontbijt Koekenpan

Ingrediënten:

1 grote biet, geschild en in blokjes gesneden
4 ontbijtworstjes, in plakjes
1 ui, in blokjes
2 teentjes knoflook, fijngehakt
2 el olijfolie
1/2 theelepel zout
1/4 theelepel zwarte peper
4 eieren

Instructies:

Verhit de olijfolie in een grote koekenpan op middelhoog vuur.
2. Voeg de in blokjes gesneden biet, gesneden worstjes, in blokjes gesneden ui en gehakte knoflook toe aan de koekenpan.

Laat 10-15 minuten koken, af en toe roeren, tot de groenten gaar zijn en de worst bruin is.
Kruid met peper en zout.
Maak vier kuiltjes in de koekenpan en breek in elk kuiltje een ei.
Bedek de koekenpan en kook nog eens 5-7 minuten, of tot de eieren naar wens gaar zijn.
Serveer onmiddellijk.

18. Bieten En Geitenkaas Ontbijt Taart

Ingrediënten:

1 taartbodem, zelfgemaakt of uit de winkel
1 grote biet, geschild en in dunne plakjes gesneden
4 oz geitenkaas, verkruimeld
2 eieren
1/4 kopje slagroom
1/4 theelepel zout
1/4 theelepel zwarte peper
1 el gehakte verse tijm

Instructies:

Verwarm de oven voor op 375°F.

Plaats de taartbodem in een 9-inch taartvorm en prik de bodem in met een vork.

Leg de in dunne plakjes gesneden biet op de korst.

Klop in een mengkom de eieren, slagroom, zout, peper en gehakte tijm bij elkaar.

Giet het eimengsel over de biet en verdeel het gelijkmatig.

Strooi de verkruimelde geitenkaas erover.

Bak gedurende 25-30 minuten, of tot de korst goudbruin is en de vulling gestold is.

Laat de taart een paar minuten afkoelen voordat je hem aansnijdt en serveert.

SNACKS EN VOORGERECHTEN

19. Bieten Chips

Maakt: 1

INGREDIËNTEN:
- 4 middelgrote bieten, afspoelen en in dunne plakjes snijden
- 1 theelepel zeezout
- 2 eetlepels olijfolie
- Hummus, om te serveren

INSTRUCTIES:
a)   Verwarm de heteluchtfriteuse voor op 380°F.
b)   Meng in een grote kom de bieten met zeezout en olijfolie tot ze goed bedekt zijn.
c)   Doe de bietenplakjes in de heteluchtfriteuse en verdeel ze in een enkele laag.
d)   Bak gedurende 10 minuten. Roer en bak nog eens 10 minuten. Roer opnieuw en bak de laatste 5 tot 10 minuten, of tot de chips de gewenste knapperigheid hebben bereikt.
e)   Serveer met een favoriete hummus.

20. Dille & Knoflookbieten

Maakt: 2 Porties

INGREDIËNTEN:
- 4 bieten, schoongemaakt, geschild en in plakjes
- 1 teentje knoflook, fijngehakt
- 2 eetlepels gehakte verse dille
- ¼ theelepel zout
- ¼ theelepel zwarte peper
- 3 eetlepels olijfolie

INSTRUCTIES:
a) Verwarm de heteluchtfriteuse voor op 380°F.
b) Meng alle ingrediënten in een grote kom zodat de bieten goed bedekt zijn met de olie.
c) Giet het bietenmengsel in de mand van de airfryer en braad 15 minuten voordat u roert, en braad dan nog 15 minuten verder.

21. Bieten Voorgerecht Salade

Maakt: 4 Porties

INGREDIËNTEN
- 2 pond Bieten
- Zout
- ½ elke Spaanse ui, in blokjes gesneden
- 4 Tomaten, ontveld, ontpit en in blokjes gesneden
- 2 eetlepels Azijn
- 8 eetlepels Olijfolie
- Zwarte olijven
- 2 elk Knoflookteentjes, gehakt
- 4 eetlepels Italiaanse peterselie, gehakt
- 4 eetlepels koriander, gehakt
- 4 middelgrote aardappelen, gekookt
- Zout en peper
- Hete rode peper

INSTRUCTIES:

a) Snijd de uiteinden van de bieten af. Was goed en kook in kokend gezouten water tot ze gaar zijn. Giet af en verwijder de schil onder stromend koud water. Dobbelsteen.

b) Meng de dressingingrediënten.

c) Combineer de bieten in een slakom met de ui, tomaat, knoflook, koriander en peterselie. Giet de helft van de dressing erover, meng voorzichtig en zet 30 minuten in de koelkast. Snijd de aardappelen in plakjes, doe ze in een ondiepe kom en meng met de resterende dressing. Koel.

d) Wanneer u klaar bent om te assembleren, schikt u de bieten, tomaat en ui in het midden van een ondiepe kom en schikt u de aardappelen in een ring eromheen. Garneer met olijven.

22. Bieten boten

Maakt: 6 porties

INGREDIËNTEN:
- 8 kleine Bieten
- 10 ons krabvlees, ingeblikt of vers
- 2 theelepels Gehakte verse peterselie
- 1 theelepel Citroensap

INSTRUCTIES:
a) Stoom bieten gedurende 20-40 minuten, of tot ze gaar zijn. Spoel af met koud water, pel en laat afkoelen. Meng ondertussen krabvlees, peterselie en citroensap.

b) Als de bieten zijn afgekoeld, halveer je ze en hol je ze uit met een meloenschep of theelepel, zodat je een kuiltje maakt. Vul met krabmengsel.

c) Serveer als aperitief of als lunch samen met geroerbakte bietengranen.

23. Bietenbeignets

Maakt: 6 porties

INGREDIËNTEN:
- 2 kopjes geraspte rauwe bieten
- ¼ kopje ui, in blokjes gesneden
- ½ kopje Broodkruimels
- 1 groot ei, losgeklopt
- ¼ theelepel gember
- Zout en peper naar smaak

INSTRUCTIES:

a) Meng alle ingrediënten. Schep porties ter grootte van een pannenkoek op een hete, geoliede bakplaat.
b) Bak tot ze bruin zijn en draai ze een keer om.
c) Serveer gegarneerd met boter, zure room, yoghurt of een combinatie hiervan.

24. Gevulde bieten

Maakt: 6 porties

INGREDIËNTEN:
- 6 grote Bieten
- 6 eetlepels Geraspte scherpe kaas
- 2 eetlepels Paneermeel
- 2 eetlepels zure room
- 1 eetlepel Pickle Relish
- ½ theelepel Zout
- ¼ theelepel Peper
- ¼ kopje boter
- ¼ kopje witte wijn

INSTRUCTIES:

a) Hol bieten uit of gebruik bieten die zijn gebruikt voor het maken van zuurstokgarnituren.

b) Kook de uitgeholde bieten gaar in licht gezouten water.

c) Koel af en verwijder de schil. Verwarm de oven tot 350F. Meng de kaas, paneermeel, zure room, augurksaus en kruiden.

d) Vul de bieten met dit mengsel en leg ze in een ondiepe ingevette ovenschaal. Bestrijk met boter en bak onafgedekt in een oven van 350 ° F gedurende 15 tot 20 minuten.

e) Smelt de boter en meng deze met de witte wijn en bedruip af en toe om vochtig te houden.

25. Geroosterde Bietenhummus

Ingrediënten:

1 grote biet, geroosterd en geschild
1 blik kikkererwten, uitgelekt en afgespoeld
1/4 kop tahini
1/4 kopje citroensap
2 teentjes knoflook, fijngehakt
1/4 kopje olijfolie
Zout en peper naar smaak

Instructies:

Pulseer de geroosterde biet in een keukenmachine tot hij fijngehakt is.

Voeg de kikkererwten, tahini, citroensap en gehakte knoflook toe.

Pulseer tot alles gecombineerd is.

Terwijl de keukenmachine draait, druppel je langzaam de olijfolie erdoor.

Breng op smaak met peper en zout.

Serveer met pitabroodjes of groenten om te dippen.

26. Bieten En Geitenkaas Crostini

Ingrediënten:

1 Frans stokbrood, in plakjes
1 grote biet, geroosterd en in plakjes
2 ons geitenkaas
1 el honing
1 el gehakte verse tijm
Instructies:

Verwarm de oven voor op 375°F.

Leg de sneetjes stokbrood op een bakplaat en rooster ze 5-7 minuten in de oven, of tot ze licht goudbruin zijn.

Smeer de geitenkaas op elke toast.

Leg daarop de geroosterde biet.

Sprenkel honing over de bietenplakjes.

Bestrooi met gehakte tijm.

Serveer onmiddellijk.

27. Bieten En Feta Dip

Ingrediënten:

1 grote biet, geroosterd en geschild
4 oz fetakaas, verkruimeld
1/4 kopje Griekse yoghurt
1 el citroensap
2 teentjes knoflook, fijngehakt
2 el olijfolie
Zout en peper naar smaak

Instructies:

Pulseer de geroosterde biet in een keukenmachine tot hij fijngehakt is.

Voeg de verkruimelde fetakaas, Griekse yoghurt, citroensap en gehakte knoflook toe.

Pulseer tot alles gecombineerd is.

Terwijl de keukenmachine draait, druppel je langzaam de olijfolie erdoor.

Breng op smaak met peper en zout.

Serveer met pitabroodjes of groenten om te dippen.

28. Tartaar van biet en avocado

Ingrediënten:

1 grote biet, geschild en in fijne blokjes gesneden
1 avocado, geschild en in fijne blokjes gesneden
1/4 kopje gehakte verse peterselie
2 el olijfolie
1 el citroensap
Zout en peper naar smaak

Instructies:

Combineer in een mengkom de in blokjes gesneden biet, in blokjes gesneden avocado en gehakte peterselie.

Sprenkel de olijfolie en het citroensap over het mengsel.

Breng op smaak met peper en zout.

Roer alles voorzichtig door elkaar.

Serveer onmiddellijk.

29. Bieten En Wortel Beignets

Ingrediënten:

2 middelgrote bieten, geraspt
2 middelgrote wortels, geraspt
1/2 ui, fijngehakt
1/4 kopje bloem
1/4 kopje paneermeel
1 ei, losgeklopt
2 el olijfolie
Zout en peper naar smaak

Instructies:

Meng in een mengkom de geraspte bieten, geraspte wortelen, fijngehakte ui, bloem, paneermeel en losgeklopt ei.

Breng op smaak met peper en zout.

Mix alles door elkaar tot het goed gecombineerd is.

Verhit olijfolie in een grote koekenpan op middelhoog vuur.

Gebruik een lepel of koekjeslepel om kleine porties van het mengsel in de hete koekenpan te laten vallen.

Bak aan beide kanten goudbruin, ongeveer 2-3 minuten per kant.

Laat uitlekken op keukenpapier en dien warm op.

30. Salade van Bieten en Appel

Ingrediënten:

2 grote bieten, geroosterd en in blokjes gesneden
2 middelgrote appels, in blokjes
1/4 kopje gehakte walnoten
1/4 kopje verkruimelde blauwe kaas
2 el olijfolie
1 el honing
1 el appelazijn
Zout en peper naar smaak
Instructies:

Meng in een mengkom de geroosterde en in blokjes gesneden bieten, in blokjes gesneden appels, gehakte walnoten en verkruimelde blauwe kaas.

Klop in een aparte kleine mengkom de olijfolie, honing, appelciderazijn, zout en peper door elkaar.

Giet de dressing over de salade en meng tot alles goed gemengd is.

Serveer onmiddellijk.

31. Bietendip Met Feta En Munt

Ingrediënten:

1 grote biet, geroosterd en geschild
2 oz fetakaas, verkruimeld
1/4 kopje Griekse yoghurt
2 el verse munt, gehakt
1 teentje knoflook, fijngehakt
2 el olijfolie
Zout en peper naar smaak

Instructies:

Pulseer de geroosterde biet in een keukenmachine tot hij fijngehakt is.

Voeg de verkruimelde fetakaas, Griekse yoghurt, gehakte verse munt en gehakte knoflook toe.

Pulseer tot alles gecombineerd is.

Terwijl de keukenmachine draait, druppel je langzaam de olijfolie erdoor.

Breng op smaak met peper en zout.

Serveer met crackers of pitabroodjes om te dippen.

32. Bieten en Kikkererwten Pasteitjes

Ingrediënten:

1 grote biet, geroosterd en geraspt
1 blik kikkererwten, uitgelekt en afgespoeld
1/2 ui, fijngehakt
1/4 kopje bloem
1/4 kopje paneermeel
1 ei, losgeklopt
2 el olijfolie
Zout en peper naar smaak
Instructies:

Meng in een mengkom de geraspte biet, kikkererwten, fijngehakte ui, bloem, paneermeel en losgeklopt ei.
2. Breng op smaak met peper en zout.

Mix alles door elkaar tot het goed gecombineerd is.
Vorm van het mengsel kleine pasteitjes.
Verhit olijfolie in een grote koekenpan op middelhoog vuur.
Voeg de pasteitjes toe aan de hete koekenpan en bak ze aan beide kanten goudbruin, ongeveer 2-3 minuten per kant.
Laat uitlekken op keukenpapier en dien warm op.

HOOFDGERECHT

33. Spaanse makreel gegrild met appels en bieten

Maakt: 4 Porties

INGREDIËNTEN
- 2 Spaanse makreel (ongeveer 2 pond per stuk), geschubd en schoongemaakt, met verwijderde kieuwen
- 2¼ kopjes venkel pekel
- 1 eetlepel olijfolie
- 1 middelgrote ui, fijngehakt
- 2 middelgrote bieten, geroosterd, gekookt, gegrild of ingeblikt; fijn gesneden
- 1 zure appel, geschild, klokhuis verwijderd en fijngehakt
- 1 teentje knoflook, fijngehakt
- 1 eetlepel fijngehakte verse dille of venkelbladeren
- 2 eetlepels verse geitenkaas
- 1 limoen, in 8 partjes gesneden

INSTRUCTIES:
a) Spoel de vis af en doe hem in een zak met ritssluiting van 1 gallon met de pekel, druk de lucht eruit en sluit de zak. Zet 2 tot 6 uur in de koelkast.
b) Verhit de olie in een grote koekenpan op middelhoog vuur. Voeg de uien toe en bak tot ze zacht zijn, ongeveer 3 minuten. Voeg de bieten en appel toe en bak tot de appel zacht is, ongeveer 4 minuten. Roer de knoflook en dille erdoor en verwarm deze ongeveer 1 minuut. Koel het mengsel af tot kamertemperatuur en roer de geitenkaas erdoor.
c) Steek ondertussen een grill aan voor direct middelhoog vuur, ongeveer 375¡F.

d) Haal de vis uit de pekel en dep droog. Gooi de pekel weg. Vul de holtes van de vis met het afgekoelde bieten-appelmengsel en zet eventueel vast met touw.

e) Borstel het grillrooster en smeer het in met olie. Grill de vis tot de huid krokant is en de vis er ondoorzichtig uitziet aan de oppervlakte, maar nog steeds filmachtig en vochtig is in het midden (130¼F op een direct afleesbare thermometer), 5 tot 7 minuten per kant. Leg de vis op een serveerschaal en serveer met de partjes limoen.

34. Risotto van rode biet

Maakt: 4

INGREDIËNTEN:
- 50g boter
- 1 ui, fijngehakt
- 250 gram risottorijst
- 150 ml witte wijn
- 1 liter groentebouillon
- 300 g gekookte rode biet
- 1 citroen, geraspt en geperst
- platte peterselie een klein bosje, grof gehakt
- 125g zachte geitenkaas
- een handvol walnoten, geroosterd en gehakt

INSTRUCTIES:
a) Smelt de boter in een diepe koekenpan en fruit de ui met wat kruiden in 10 minuten glazig. Doe de rijst erbij en roer tot elke korrel bedekt is, giet dan de wijn erbij en laat 5 minuten borrelen.
b) Voeg al roerend de bouillon lepel voor lepel toe, voeg pas meer toe als de vorige batch is opgenomen.
c) Neem ondertussen de helft van de rode biet en pureer deze in een kleine blender tot een gladde massa en hak de rest fijn.
d) Als de rijst gaar is, roer je de gezoete en fijngehakte bieten, citroenschil en -sap en het grootste deel van de peterselie erdoor. Verdeel over borden en werk af met een verkruimelde geitenkaas, de walnoten en de rest van de peterselie.

35. Bietenschuivers met Microgreens

Maakt: 4 Porties

INGREDIËNTEN:
BIETEN
- 1 teentje knoflook, licht geplet en gepeld
- 2 wortels geschild, bijgesneden
- Snufje Zout en peper
- 1 ui, gepeld en in vieren gesneden
- 4 bieten
- 1 eetlepel karwijzaad
- 2 stengels bleekselderij gespoeld, bijgesneden

DRESSING:
- ½ kopje mayonaise
- ⅓ kopje karnemelk
- ½ kopje gehakte peterselie, bieslook, dragon of tijm
- 1 eetlepel citroensap vers geperst
- 1 theelepel ansjovispasta
- 1 teentje knoflook gehakt
- Zout peper

TOPPING:
- Schuif broodjes
- 1 dun gesneden rode ui
- Handvol gemengde microgroenten

INSTRUCTIES:
DRESSING
a) Combineer karnemelk, kruiden, mayonaise, citroensap, ansjovispasta, knoflook, zout en peper.

BIETEN
b) Kook in een Nederlandse oven bieten, selderij, wortelen, uien, knoflook, karwijzaad, zout en peper gedurende 55 minuten.

c) Schil de bieten en snijd ze in plakjes.

d) Bak de bietenplakjes 3 minuten aan elke kant in een pan met kookspray.

VERZAMELEN
e) Schik de schuifbroodjes op een bord en beleg ze met biet, vinaigrette, rode uien en microgroenten.

f) Genieten.

Garnalen Met Amarant & Geitenkaas

Maakt: 4

INGREDIËNTEN:
- 2 Bieten Spiraalvormig
- 4 oz geitenkaas verzacht
- ½ kopje Rucola Microgreens Licht gehakt
- ½ kopje Amaranth Microgreens Licht gehakt
- 1 pond Garnalen
- 1 kopje gehakte walnoten
- ¼ kopje ruwe rietsuiker
- 1 eetlepels Boter
- 2 eetlepels Extra Vierge Olijfolie

INSTRUCTIES:
a) Zet de geitenkaas 30 minuten zacht voordat je met de bereidingen begint.
b) Verwarm de oven voor op 375 graden
c) Verhit een koekenpan op matig vuur.
d) Voeg walnoten, suiker en boter toe aan de koekenpan en roer regelmatig op matig vuur.
e) Roer constant zodra de suiker begint te smelten.
f) Als de walnoten eenmaal zijn bedekt, leg ze dan onmiddellijk op een vel perkamentpapier en haal de noten uit elkaar zodat ze niet hard worden als ze aan elkaar blijven plakken. Opzij zetten
g) Bieten in spiralen snijden.
h) Meng de spiralen met olijfolie en zeezout.
i) Spreid de bieten uit op een bakplaat en bak ze 20 - 25 minuten in de oven.
j) Spoel de garnalen af en doe ze in een pan.
k) Vul een pan met water en zeezout. Aan de kook brengen.

l) Giet het water af en doe het in een ijsbad om het koken te stoppen.
m) Knip de rucola-microgreens en hak ze lichtjes. Opzij zetten.
n) Voeg microgreens toe aan zachte kaas, laat een paar snufjes van elke microgreen achterwege.
o) Meng microgreens en kaas.
p) Schraap het kaasmengsel tot een bal.
q) Bord bieten.
r) Leg een lepel kaas bovenop de bieten.
s) Walnoten rondom het bord leggen.
t) Voeg garnalen toe en besprenkel met de resterende microgreens, zout en gekraakte peper.

36. Gegrilde coquilles en boerenkool met een frisse bietensaus

Maakt: 4 porties

INGREDIËNTEN:
- 1¼ kopje Vers bietensap
- Fruitige olijfolie
- 1 theelepel Witte wijnazijn
- koosjer zout; proeven
- Vers gemalen zwarte peper; proeven
- 1¼ pond verse sint-jakobsschelpen
- Een paar druppels vers citroensap
- 1 pond jonge boerenkoolbladeren; taaie kern verwijderd
- Een paar druppels sherryazijn
- Verse bieslook; in reepjes snijden
- Kleine dobbelstenen van gele paprika

INSTRUCTIES:

a) Doe bietensap in een niet-reactieve pan en kook tot het is ingekookt tot ongeveer ½ kopje.

b) Klop van het vuur 2 tot 3 eetlepels olijfolie langzaam tot een reductie om de saus te verdikken. Klop witte wijnazijn, zout en peper naar smaak erdoor. Zet opzij en houd warm.

c) Vet de sint-jakobsschelpen licht in en breng op smaak met zout, peper en een paar druppels citroensap.

d) Borstel boerenkoolbladeren met olie en kruid licht. Grill de boerenkool aan beide kanten tot de bladeren licht verkoold en gaar zijn.

e) Grill sint-jakobsschelpen tot ze net gaar zijn (het midden moet een beetje ondoorzichtig zijn). Schik de boerenkool mooi in het midden van warme borden en sprenkel er een paar druppels sherryazijn over.

f) Sint-jakobsschelpen erop leggen en bietensaus eromheen scheppen. Garneer met stukjes bieslook en gele paprika en serveer direct.

37. Risotto van bieten en gerst

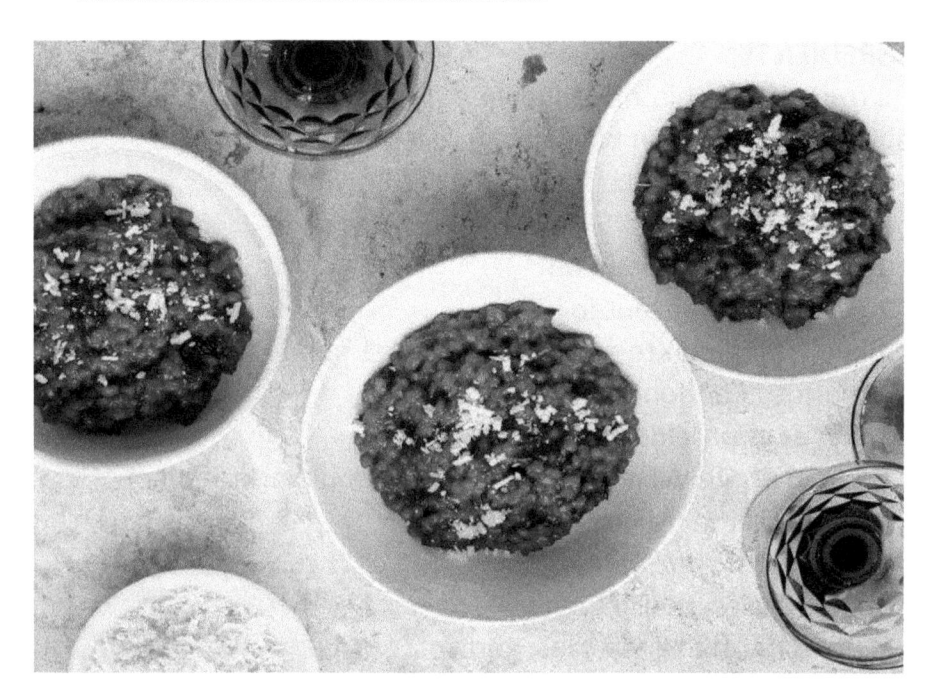

Maakt: 6

INGREDIËNTEN
- 2 rode of gele bieten (ongeveer 1½ pond totaal), of 1½ pond babybieten, stelen en bladeren gereserveerd
- Extra vergine olijfolie
- Kosjer zout
- 10 kopjes kippenbouillon
- 2 eetlepels ongezouten boter
- 1 kopje fijngehakte gele ui (ongeveer 1 middelgrote ui)
- 2 teentjes knoflook, fijngehakt
- 2 kopjes geparelde gerst
- ½ kopje droge witte wijn (zoals sauvignon blanc of pinot grigio)
- ¼ kopje crème fraîche
- 2 theelepels rode wijnazijn
- Vers gemalen zwarte peper
- ¼ pond ricotta salata kaas, geraspt

INSTRUCTIES
a) Bereid de bieten voor. Verwarm de oven voor op 425°F. Spoel de stelen en greens (bladeren) grondig af. Snijd de stelen in dunne plakjes en hak de bladeren grof, houd ze apart. Snijd de steeluiteinden van de bollen af; schrob de bollen grondig onder koud water.

b) Rooster en rasp de bieten. Schik de bietenbollen in een kleine ovenschaal. Voeg zoveel water toe dat het tot halverwege de zijkanten van de bieten komt. Besprenkel met olijfolie en bestrooi royaal met zout. Dek de ovenschaal af met aluminiumfolie en sluit goed af. Rooster 1 uur, of tot ze gaar zijn als je er met een vork in prikt. Als het koel genoeg is om te hanteren, maar nog steeds warm, gebruik dan een papieren handdoek en je vingers om de schil van de bieten voorzichtig te wrijven; gooi de schillen weg. Gebruik een bakrasp om de bieten grof te raspen. Opzij zetten.

c) Kook de bietengranen. Terwijl de bieten roosteren, verwarm je een pan met gezouten water tot het kookpunt. Voeg de gehakte bietengreens (bladeren) toe en kook 4 tot 6 minuten, tot ze zacht zijn. Breng over naar een fijnmazige zeef om uit te lekken; gebruik een lepel om op de greens te drukken om zoveel mogelijk vloeistof vrij te maken. Opzij zetten.

d) Verwarm de bouillon en zweet de aromaten. Verwarm de kippenbouillon in een steelpan tot tegen de kook aan op middelhoog vuur. Zet het vuur uit. Verhit in een grote, hoge pan 2 eetlepels olijfolie en 1 eetlepel boter op middelhoog vuur tot de boter is gesmolten. Voeg de ui, knoflook en bietenstengels toe en breng op smaak met zout. Kook, af en toe roerend, gedurende 3 tot 5 minuten, tot ze zacht en geurig maar niet bruin zijn.

e) Rooster de gerst. Voeg de gerst toe. Kook, af en toe roerend, gedurende 4 tot 6 minuten, tot de gerst lichtjes begint te puffen. Voeg de wijn toe en kook, onder regelmatig roeren, gedurende 30 seconden tot 1 minuut, tot het is opgenomen. Breng op smaak met zout en roer om te combineren.

f) Voeg de bouillon toe. Voeg 2 kopjes bouillon toe en kook, onder regelmatig roeren, 8 tot 10 minuten, tot het meeste vocht is opgenomen. Herhaal dit met de resterende 8 kopjes bouillon, voeg de bouillon 2 kopjes tegelijk toe en roer totdat de meeste vloeistof is opgenomen voor elke toevoeging, gedurende 22 tot 28 minuten in totaal.

g) Maak de risotto af. Voeg de geraspte bieten toe en kook, onder regelmatig roeren, 2 tot 3 minuten, tot alles goed gemengd is. Voeg de bietengranen toe en breng op smaak met zout. Kook, onder regelmatig roeren, gedurende 30 seconden tot 1 minuut, tot het is opgewarmd. Voeg de crème fraîche, de resterende 1 eetlepel boter en de azijn toe. Kook, onder voortdurend roeren, gedurende 2 tot 3 minuten, tot alles goed gecombineerd en ingedikt is. Haal van het vuur. Kruid met peper en zout. Breng over naar een serveerschaal, bestrooi met de kaas en serveer.

38. Gevulde Kip Met Rode Bieten En Feta

Ingrediënten:

4 kippenborsten zonder bot, zonder vel
1 grote biet, geroosterd en geraspt
4 oz fetakaas, verkruimeld
1/4 kopje gehakte verse peterselie
2 teentjes knoflook, fijngehakt
2 el olijfolie
Zout en peper naar smaak
Instructies:

Verwarm de oven voor op 190°C.

Meng in een mengkom de geraspte biet, verkruimelde fetakaas, gehakte verse peterselie, gehakte knoflook, olijfolie, zout en peper.

Snijd een zak in de zijkant van elke kipfilet.

Vul elke kipfilet met het mengsel van bieten en feta.

Beveilig de zakken met tandenstokers.

Verhit een grote koekenpan op middelhoog vuur.

Voeg de gevulde kipfilets toe aan de koekenpan en bak ze 3-4 minuten per kant, tot ze goudbruin zijn.

Leg de kipfilets in een ovenschaal.

Bak 20-25 minuten of tot de kip gaar is.

Heet opdienen.

39. Risotto van bieten en paddenstoelen

Ingrediënten:

1 grote biet, geroosterd en in blokjes gesneden
8 oz champignons, in plakjes
1 ui, fijngehakt
2 teentjes knoflook, fijngehakt
1 kopje Arborio-rijst
1/2 kopje witte wijn
3 kopjes groentebouillon
1/4 kopje geraspte Parmezaanse kaas
2 el boter
2 el olijfolie
Zout en peper naar smaak

Instructies:

Verhit de olijfolie in een grote pan op middelhoog vuur.

Voeg de fijngesneden ui en fijngehakte knoflook toe en bak tot ze zacht en glazig zijn.

Voeg de gesneden champignons en de geroosterde bietenblokjes toe en roer tot ze gecombineerd zijn.

Voeg de Arborio-rijst toe en roer tot de rijst is bedekt met olie.

Voeg de witte wijn toe en roer tot de wijn is opgenomen.

Voeg geleidelijk de groentebouillon toe, één pollepel per keer, en blijf voortdurend roeren tot elke soeplepel bouillon is opgenomen voordat je de volgende toevoegt.

Ga door met het koken van de risotto tot de rijst zacht en romig is.

Haal van het vuur en roer de geraspte Parmezaanse kaas en boter erdoor.

Breng op smaak met peper en zout.

Serveer onmiddellijk.

40. Risotto van bieten en geitenkaas

Ingrediënten:

2 grote bieten, geroosterd en geraspt
1 ui, in blokjes
2 teentjes knoflook, fijngehakt
1 kopje Arborio-rijst
1/2 kopje witte wijn
4 kopjes groentebouillon
4 ons geitenkaas
2 el olijfolie
Zout en peper naar smaak

Instructies:

Verhit de olijfolie in een grote pan op middelhoog vuur.

Voeg de gesnipperde ui en fijngehakte knoflook toe en bak tot ze zacht en glazig zijn.

Voeg de Arborio-rijst toe en roer tot het bedekt is met olie.

Voeg de witte wijn toe en roer tot gecombineerd.

Voeg de groentebouillon toe, kopje voor kopje, onder voortdurend roeren en laat de bouillon opnemen voordat je het volgende kopje toevoegt.

Als de rijst gaar is, voeg je de geraspte geroosterde bieten toe en roer tot ze gecombineerd zijn.

Voeg de geitenkaas toe en roer tot het gesmolten is.

Breng op smaak met peper en zout.

Serveer onmiddellijk.

41. Roerbak van Bieten en Champignons

Ingrediënten:

2 grote bieten, geschild en in julienne gesneden
1 kop gesneden champignons
1 ui, in plakjes
2 teentjes knoflook, fijngehakt
1 el geraspte gember
2 el sojasaus
2 el sesamolie
2 el olijfolie
Zout en peper naar smaak

Instructies:

Verhit in een grote wok of koekenpan de olijfolie en sesamolie op hoog vuur.

Voeg de in julien gesneden bieten toe en roerbak 2-3 minuten.

Voeg de gesneden champignons, gesneden ui, gehakte knoflook en geraspte gember toe en roerbak nog eens 2-3 minuten.

Voeg de sojasaus toe en roerbak nog 1-2 minuten.

Breng op smaak met peper en zout.

Serveer met rijst of noedels.

SALADES

42. Bieten Met Oranje Gremolata

Maakt: 12 porties

INGREDIËNTEN:
- 3 gouden bieten, bijgesneden
- 2 eetlepels limoensap
- 1 theelepel sinaasappelschil
- 2 eetlepels zonnebloempitten
- 1 eetlepel gehakte peterselie
- 3 eetlepels geitenkaas
- 1 eetlepel gehakte salie
- 2 eetlepels sinaasappelsap
- 1 teentje knoflook, fijngehakt

INSTRUCTIES:

a) Verwarm de airfryer voor op 400. Vouw stevig folie om de bieten en leg ze op een bakplaat in de mand van de airfryer.

b) Kook tot ze zacht zijn, 50 minuten. Bieten schillen, halveren en in plakken snijden; plaats in een kom.

c) Voeg limoensap, sinaasappelsap en zout toe.

d) Bestrooi met peterselie, salie, knoflook en sinaasappelschil en top met geitenkaas en zonnebloempitten.

43. Bieten Met Groenen En Slivered Abrikozen

Maakt: 4 porties

INGREDIËNTEN:
- 1 middelgrote bos bieten met greens
- 1/3 kopje vers citroensap
- 2 eetlepels lichtbruine suiker
- ½ kopje gedroogde abrikozen
- Zout en versgemalen zwarte peper

INSTRUCTIES:

a) Verwarm de oven voor op 400°F. Verwijder de greens van de bieten en was ze goed, snijd ze kruislings in reepjes van ½ inch breed. Opzij zetten. Boen de bieten goed schoon.

b) Wikkel de bieten stevig in aluminiumfolie en bak tot ze zacht zijn, ongeveer 1 uur.

c) Terwijl de bieten roosteren, doe je de abrikozen in een kleine hittebestendige kom en bedek ze met kokend water om ze ongeveer 10 minuten zacht te laten worden. Giet af en snij in dunne reepjes en zet opzij.

d) Als de bieten geroosterd zijn, pak ze dan uit en leg ze opzij om af te koelen. Als ze koel genoeg zijn om te hanteren, schilt u de bieten en snijdt u ze in plakjes van 1⁄4-inch dik en zet u ze opzij.

e) Meng in een kleine steelpan het citroensap, de suiker en de gesneden abrikozen en breng aan de kook. Zet het vuur laag en laat 5 minuten sudderen. Opzij zetten.

f) Doe de gereserveerde greens in een koekenpan met 2 eetlepels water. Dek af en breng aan de kook, zet dan het vuur laag en kook tot de groenten geslonken zijn en de vloeistof ongeveer 2 minuten is verdampt. Roer het abrikozen-citroenmengsel door de groenten en breng op smaak met peper en zout. Voeg de bietenplakjes toe en kook tot ze ongeveer 3 minuten warm zijn. Serveer onmiddellijk.

44. Bieten Venkel Salade

Maakt: 2 Porties

INGREDIËNTEN:
- 3 kopjes gehakte greens
- ¼ venkelknol, dun gesneden
- ½ kopje gehakte gekookte broccoliroosjes
- ½ kopje gehakte bieten
- 1 tot 2 eetlepels extra vergine olijfolie
- Sap van ½ citroen

INSTRUCTIES:
a) Meng in een grote kom de greens, venkel, broccoli en bieten.
b) Meng met olijfolie en citroensap.

45. Bieten Hazelnoot Salade

Maakt: 2 Porties

INGREDIËNTEN:
- 2 kopjes babyspinazie
- ½ avocado, in blokjes
- 1 kopje bieten, in blokjes
- ¼ kopje hazelnoten
- 2 eetlepels extra vergine olijfolie
- 1 eetlepel balsamicoazijn

INSTRUCTIES:

a) Doe spinazie, avocado, bieten en hazelnoten in een kom. Kleed je aan met olie en azijn.

b) Gooi en geniet.

46. Rode Bieten En Tomatensalade

Maakt: 2 Porties

INGREDIËNTEN:
- ½ kopje verse tomaten - gehakt
- ½ kopje gekookte rode biet - gehakt
- 1 Eetlepel plantaardige olie
- ¼ eetlepels mosterdzaad
- ¼ eetlepels komijnzaad
- Snufje kurkuma
- 2 snufjes asafoetida
- 4 kerrieblaadjes
- Zout naar smaak
- Suiker naar smaak
- 2 Eetlepels pindapoeder
- Vers gehakte korianderblaadjes

INSTRUCTIES:

a) Verhit de olie voordat je de mosterdzaadjes toevoegt.

b) Voeg de komijn, kurkuma, curryblaadjes en asafoetida toe als ze beginnen te springen.

c) Hussel de rode biet en tomaat door het kruidenmengsel, pindapoeder, zout, suiker en korianderblaadjes naar smaak.

47. Gemengde Groene Salade Met Bieten

Maakt: 4 porties

INGREDIËNTEN:
- 2 middelgrote bieten, topjes bijgesneden
- 2 eetlepels met calcium verrijkt sinaasappelsap
- 1 ½ theelepel honing
- ⅛ theelepel zout
- ⅛ theelepel zwarte peper
- ¼ kopje olijfolie
- 2 eetlepels rauwe, gepelde zonnebloempitten
- 1 sinaasappel, in partjes gesneden
- 3 kopjes verpakte gemengde groene salades
- ¼ kopje fetakaas met verlaagd vetgehalte, verkruimeld

INSTRUCTIES:

a) Bedek de bieten in een middelgrote pan met water. Breng aan de kook en zet dan het vuur laag.

b) Laat 20-30 minuten koken, of tot de vork gaar is, afgedekt. Bieten moeten worden uitgelekt.

c) Als de bieten koel genoeg zijn om te hanteren, pel ze dan onder stromend water en snijd ze in partjes.

d) Roer ondertussen in een pot het sinaasappelsap, honing, knoflook, zout en peper door elkaar.

e) Schud de olijfolie erdoor tot de dressing glad is. Verwijder uit de vergelijking.

f) Smelt de boter in een kleine sauteerpan op middelhoog vuur.

g) Rooster de zonnebloempitten in een droge sauteerpan 2-3 minuten, of tot ze aromatisch zijn.

h) Gooi bieten, zonnebloempitten, sinaasappelpartjes, gemengde groenten en fetakaas in een grote serveerschaal.

i) Serveer met een scheutje dressing.

48. Salade van regenboogbiet en pistache

Maakt: 2 Porties

INGREDIËNTEN:
- 2 kleine bosjes regenboogbieten, bijgesneden
- Koolzaadolie voor bieten

BASILICUM CITROEN OLIJFOLIE:
- 2 kopjes losjes verpakte basilicum
- weinig ¼ kopje olijfolie
- ½ sap van een citroen
- snufje koosjer zout
- 1 eetlepel gehakte pistachenoten
- 1 kopje microgroenten
- Citruskruidenzout – optioneel

INSTRUCTIES:
a) Meng de bieten met 1-2 eetlepels canola-olie tot ze zacht bedekt zijn.
b) Leg de bieten op een omrande bakplaat, dek af met folie en rooster ze 30-45 minuten op de grill, of tot ze zacht en bruin zijn.
c) Verwijder de schil van de bieten en gooi ze weg.
d) Om de basilicum-olijfolie te maken, mixt u alle ingrediënten in een blender tot een gladde massa.
e) Sprenkel een kleine hoeveelheid basilicum-olijfolie op de bodem van twee kleine borden.
f) Strooi op elk bord een klein aantal microgreens, de helft van de bieten, citruskruidenzout en pistachenoten.
g) Leg de resterende microgroenten op elk bord.

49. Roze Salade

Maakt: 2 Porties

INGREDIËNTEN

SALADE

- 4 hele wortels
- ⅓ middelgrote rode ui, gesnipperd
- 1 grote biet
- 1 roze pompelmoes, in plakjes
- 1 handvol grof gehakte pistachenoten

VINAIGRETTE

- ½ kopje olijfolie
- ¼ kopje rijstwijnazijn
- 1 theelepel mosterd
- 1 theelepel ahornsiroop
- 1-2 teentjes knoflook, fijngehakt
- zout en peper naar smaak

INSTRUCTIES:

a) Snijd je bieten in middelgrote partjes en doe ze in een magnetronbestendige schaal, dek af en micro tot ze gaar zijn. Bij mij duurde het 6 ½ minuut. Ik kies ervoor om de mijne niet te schillen, omdat ik de huid niet erg vind, maar doe wat je wilt.

b) Gebruik een wortelschiller om lange reepjes van elke wortel af te schaven totdat je de kern bereikt en niet meer kunt schaven. Bewaar de kernen om later op te kauwen.

c) Doe al je salade-ingrediënten behalve de pistachenoten in een grote kom.

d) Doe alle ingrediënten voor de dressing in een andere kom en klop tot een emulsie.

e) Als je klaar bent om de salade te serveren, gooi het dan met voldoende dressing om het te coaten en bewaar de rest voor de salade van morgen.

f) Strooi de pistachenoten erover en je bent klaar om te gaan.

50. Gele Bietensalade Met Peren

Maakt: 2 Porties

INGREDIËNTEN:
- 3 tot 4 middelgele bieten
- 2 eetlepels witte balsamicoazijn
- 3 eetlepels vegan mayonaise, huisgemaakt (zie Vegan Mayonaise) of uit de winkel
- 3 eetlepels veganistische zure room, huisgemaakt (zie Tofu Sour Cream) of uit de winkel
- 1 eetlepel sojamelk
- 1½ eetlepel gehakte verse dille
- 1 eetlepel fijngehakte sjalot
- ½ theelepel zout
- ¼ theelepel versgemalen zwarte peper
- 2 rijpe Bosc-peren
- Sap van 1 citroen
- 1 kleine krop rode bladsla, in hapklare stukjes gescheurd

INSTRUCTIES:
a) Stoom de bieten gaar, koel af en pel ze. Snijd de bieten in luciferhoutjes en doe ze in een ondiepe kom. Voeg de azijn toe en meng om te coaten. Opzij zetten.
b) Meng in een kleine kom de mayonaise, zure room, sojamelk, dille, sjalot, zout en peper. Opzij zetten.
c) Ontpit de peren en snijd ze in blokjes van 1/4 inch. Doe de peren in een middelgrote kom, voeg het citroensap toe en meng voorzichtig. Verdeel de sla over 4 saladeborden en schep de peren en de bieten erop. Sprenkel de dressing over de salade, bestrooi met pecannoten en serveer.

51. Salade van bieten en tofu

Maakt: 4 Porties

INGREDIËNTEN:
- 3 Bieten; geschild OF 5 kleine bieten
- 1 kleine Rode Bermuda-ui; in dunne ringen gesneden en gescheiden
- 1 pond Stevige of extra stevige tofu; uitgelekt en in blokjes van ½ cm gesneden
- ¼ kopje Rode wijnazijn
- 2 eetlepels balsamicoazijn
- ¼ kopje olijfolie; of minder naar smaak
- ½ theelepel Gedroogde oregano
- Zout en peper

INSTRUCTIES:
a) Kook bieten tot ze zacht zijn als ze met een vork worden getest: grote bieten kunnen 45 minuten nodig hebben om te koken en te koken.
b) Als ze koel genoeg zijn om te hanteren, snijd je de bieten doormidden en snijd je elke helft in plakjes van ¼ inch. Doe in een kom. Voeg de dressing toe. Gooi voorzichtig om te combineren.
c) Smaak voor smaakmakers. Serveer onmiddellijk of gekoeld. Roer vlak voor het opdienen nog een keer om.

52. Salade van pompelmoes, biet en blauwe kaas

Maakt: 1 Portie

INGREDIËNTEN:
- ½ bos Waterkers; grove stelen weggegooid
- 1 pompelmoes
- 1 ons blauwe kaas; in kleine dunne plakjes snijden
- 2 Gepelde gekookte bieten, grof geraspt
- 4 theelepels extra vierge olijfolie
- 1 eetlepel balsamicoazijn
- Grof zout naar smaak
- Grofgemalen peper naar smaak

INSTRUCTIES:

a) Verdeel de waterkers over 2 saladeborden en schik de grapefruitpartjes en de kaas er decoratief op.

b) Meng in een kleine kom de bieten, 2 theelepels olie en azijn en verdeel over de salades.

c) Besprenkel salades met de resterende olie en breng op smaak met zout en peper.

53. Aardappelsalade

Maakt: 4 Porties

INGREDIËNTEN:
- 1 kg blauwe aardappelen
- 200 g rode biet
- Zout
- Peper
- 2 bosjes lente-uitjes
- 250 g zure room
- 5 eetlepels witte wijnazijn
- 2 bos radijzen
- ¼ bedje tuinkers
- ¼ Biet

INSTRUCTIES:
a) Was de aardappelen en bieten grondig en kook ze ongeveer 15 minuten in ruim water met zout.
b) Was de lente-uitjes, maak ze schoon en snijd ze in dunne reepjes.
c) Leg de lente-uitjes in ijswater zodat ze oprollen.
d) Meng zure room en azijn - breng op smaak met zout en peper.
e) Aardappelen afgieten, afgieten, schillen en in grove stukken snijden.
f) Bieten afspoelen met koud water, schillen en in dunne plakjes snijden.
g) Radijs grondig wassen, schoonmaken en in kwarten snijden.
h) Meng aardappelen, rode biet, lente-uitjes en radijsjes met de dressing.
i) Schik in kommen. Bestrooi met tuinkers.

54. Saffraan quinoa en geroosterde bietensalade

Maakt: 6 Porties

INGREDIËNTEN:
- 6 eetlepels extra vierge olijfolie
- 2 eetlepels Vers citroensap
- 2 kleintjes Teentje knoflook; gehakt
- ½ theelepel Grof zout
- ½ theelepel Gemalen komijn
- ¼ theelepel rode pepervlokken; tot ½
- 4 kleine bieten met groen eraan; maximaal 5
- 1 kopje ongekookte quinoa
- 2 kopjes Groentebouillon
- ⅛ theelepel Saffraandraden
- 5 theelepels Olijfolie
- 2 ons Dun gesneden sjalotten; (½ kopje)
- 3 middelgrote teentjes knoflook; gehakt
- 1½ eetlepel Vers citroensap
- ¼ theelepel Zout

INSTRUCTIES:
a) Verwarm de oven voor op 400F.
b) Klop in een kleine kom alle ingrediënten bij elkaar.
c) Pas kruiden naar smaak aan en zet opzij.
d) Was de bieten en snijd de greens af, laat ongeveer 2,5 cm eraan vast. Bietengranen reserveren. Wikkel elke biet afzonderlijk in folie en bak tot ze zacht zijn als ze met een dun mes worden doorboord, 45 minuten tot 1 uur. Zet opzij om af te koelen.
e) Als de bieten koel genoeg zijn om te hanteren, schillen en in dunne plakjes snijden. Doe de bieten in een kleine kom, voeg 2 tot 3 eetlepels marinade toe en meng voorzichtig.
f) Doe de quinoa in een fijnmazige zeef en spoel af onder koud water tot het schuim is verdwenen. Doe de quinoa in een kleine steelpan, voeg bouillon en saffraan toe en breng aan de kook. Zet het vuur laag, dek af en laat sudderen tot de bouillon 13 tot 15 minuten is opgenomen.

g) Verhit ondertussen in een middelgrote koekenpan 3 theelepels olijfolie op middelhoog vuur. Voeg de sjalotten toe en kook tot ze krokant zijn, vaak roerend gedurende ongeveer 3 minuten.
h) Laat uitlekken op keukenpapier en zet opzij.
i) Doe het gekookte quinoamengsel in een middelgrote kom en meng met nog 3 tot 4 eetlepels marinade. (De resterende marinade kan maximaal 3 dagen worden afgedekt en in de koelkast worden bewaard.) Verwijder dikke stengels van bietengranen en gooi ze weg; hak de bladeren grof. Verhit in een grote koekenpan de resterende 2 theelepels olie op middelhoog vuur. Voeg knoflook toe en kook, vaak roerend, gedurende 1 minuut. Voeg bietengranen toe en kook tot ze verwelkt zijn, 1 tot 2 minuten. Roer citroensap en zout erdoor. Breng op smaak met peper.
j) Verdeel voor het serveren de in plakjes gesneden bieten over serveerschalen en schik ze rond de rand. Hoop ¼ kopje quinoamengsel in het midden van de bieten. Top met bietengranen, garneer met gebakken sjalotjes en serveer.

55. Geroosterde Bietensalade Met Krokante Geitenkaas & Walnoten

Maakt: 4

INGREDIËNTEN
2 pond babybieten (rood, geel en / of Chioggia), bijgesneden, stelen en bladeren gereserveerd
Extra vergine olijfolie
Kosjer zout
½ kopje fijngehakte sjalotten (ongeveer 2 middelgrote sjalotten)
7 eetlepels rode wijnazijn
Vers gemalen zwarte peper
8 ons verse zachte geitenkaas
3 eetlepels dun gesneden verse bieslook
½ kopje bloem voor alle doeleinden
2 grote eieren
1 kop panko paneermeel
Druivenpitolie of andere plantaardige olie
1 kopje verse bladpeterselie, grof gehakt
½ kopje geroosterde walnoten, grof gehakt

1. Rooster de bieten. Verwarm de oven voor op 450°F. Leg de bieten in een enkele laag in een ovenschaal van 9 bij 13 inch. Voeg zoveel water toe dat het tot halverwege de zijkanten van de bieten komt. Besprenkel met olijfolie en bestrooi royaal met zout. Dek de ovenschaal af met aluminiumfolie en sluit goed af. Rooster de bieten 1 uur tot 1 uur en 15 minuten, of tot ze gaar zijn als je er met een vork in prikt.
2. Maak de marinade. Terwijl de bieten roosteren, combineer in een middelgrote kom ¼ kopje sjalotten, 6 eetlepels rode wijnazijn en ½ theelepel zout.
3. Schil en marineer de bieten. Als de bieten koel genoeg zijn om te hanteren, maar nog steeds warm, gebruik dan een papieren handdoek om hun vel er voorzichtig af te wrijven. Halveer of kwarteer de bieten en doe ze in een grote kom. Breng op smaak met peper en zout. Giet de marinade over de bieten; gooien om te coaten. Laat 30 minuten staan om te marineren.
4. Kook de bietenstengels en -blaadjes. Snijd de bietenstengels in stukjes van 2 cm. Rol de bladeren in een strak blok en snij schuin in lange, 1-inch brede stroken. Verhit in een sauteerpan 1 eetlepel olijfolie op middelhoog vuur tot heet. Voeg de stengels toe en breng op smaak met zout. Kook, af en toe roerend, gedurende 3 tot 5 minuten, tot ze zacht zijn. Voeg de bietenblaadjes toe en breng op smaak met zout en peper. Kook, af en toe roerend, gedurende 2 tot 4 minuten, tot het geslonken is. Roer de resterende 1 eetlepel rode wijnazijn erdoor. Haal van het vuur.
5. Vorm de geitenkaas rondjes. Haal de geitenkaas uit de koelkast en laat ongeveer 10 minuten op kamertemperatuur staan, tot hij een beetje zacht is. Combineer in een kom de bieslook, de resterende ¼ kopje sjalotten en de geitenkaas. Breng op smaak met 1 theelepel zout en ½ theelepel peper. Meng tot alles goed gecombineerd is. Gebruik je handen om vier gelijke ballen te vormen en druk ze vervolgens voorzichtig plat tot een ronde van ¼ inch dik. Leg de rondjes op een bord.
6. Paneer de geitenkaas. Verdeel de bloem over een ondiepe schaal en breng op smaak met zout en peper. Breek de eieren in

een ondiepe kom en klop tot ze net gecombineerd zijn. Verdeel het paneermeel over een andere ondiepe schaal. Werk een voor een door de geitenkaasrondjes grondig in de bloem te wentelen; tik het teveel af. Doop beide kanten in de eieren, laat het overtollige water eraf druipen, en vervolgens in het paneermeel; druk erop om ervoor te zorgen dat het paneermeel hecht. Leg de rondjes op een bord en dek af met plasticfolie; zet in de koelkast tot vlak voor het bakken.

7. Verkruimel de geitenkaas. Haal vlak voor het serveren de geitenkaas rondjes uit de koelkast. Bekleed een bord met keukenpapier. Verhit in een gietijzeren koekenpan of sauteerpan een dun laagje druivenpitolie op middelhoog vuur tot heet. De olie is heet genoeg als een paar broodkruimels meteen beginnen te sissen als ze in de pan worden gedaan. Voeg de geitenkaas rondjes toe. Bak 2 tot 4 minuten per kant, tot ze goudbruin en krokant zijn. Leg op het bord en breng op smaak met zout en peper.

8. Werk af en serveer de salade. Voeg de peterselie en walnoten toe aan de geroosterde bieten; roer om grondig te combineren. Verdeel de bietengreens (bladeren), stengels en geroosterde bieten over serveerschalen. Bedek elk met een rondje geitenkaas en serveer.

56. Komijn Geroosterde Wortelgroenten

Maakt: 2

INGREDIËNTEN:
- 2 rode bieten
- 1/4 kopje pinda's
- 1 theelepel gemalen komijn
- 3 wortels
- 1/2 kopje witte quinoa
- 3 pastinaken
- 2 eetlepels witte sesamzaadjes
- 1 limoen
- 1/2 theelepel gerookt paprikapoeder
- 1 sjalot
- 1 avocado
- 1 jalapeño
- 4 eetlepels groentebouillon, verdeeld
- Zout en peper naar smaak

INSTRUCTIES:
a) Verwarm de oven voor op 425 ° F.
b) Schil en snijd de wortels en pastinaak in stukjes van 1 cm. Hak de pinda's grof.
c) De limoen moet worden geraspt, gehalveerd en geperst.
d) Schil en snipper 2 eetlepels sjalot.
e) Hak 2 eetlepels Jalapeño fijn.
f) Schil de bieten en snijd ze in partjes van ½ cm dik.
g) Voeg komijn, gesneden wortelen, gesneden pastinaak, 1 eetlepel groentebouillon en een snufje zout toe aan een kant van een bakplaat en gooi.
h) Voeg ingeklemde bieten, 1 eetlepel groentebouillon en een snufje zout toe aan de andere kant van de bakplaat en gooi.
i) Rooster de wortelgroenten gedurende 25 tot 28 minuten of tot ze gaar zijn.
j) Combineer de quinoa, 1 kopje water en een snufje zout in een middelgrote pan op hoog vuur.

k) Kook en kook gedurende minstens 12 tot 15 minuten, of tot de spiralen barsten en het water is opgenomen.
l) Meng in een kleine kom de limoenschil, de helft van het limoensap, de in blokjes gesneden sjalot en de fijngehakte jalapeñopeper.
m) Rooster in een kleine koekenpan de gehakte pinda's en sesamzaadjes op middelhoog vuur in 2 tot 3 minuten goudbruin.
n) Meng de geroosterde pinda's en sesamzaadjes met de sjalot en jalapeño in een kleine kom.
o) Voeg 1 eetlepel groentebouillon, 1 theelepel paprikapoeder en een snufje zout toe.
p) Combineer de sesam pinda salsa met een vork. Snijd de Avocado doormidden.
q) Schep het vruchtvlees van de avocado in een kleine kom en breng op smaak met zout en het resterende limoensap. Pureer met een vork tot een gladde massa.
r) Verdeel de quinoa over de borden.
s) Serveer met stukjes avocado op elk bord.
t) Serveer met met komijn geroosterde groenten en een scheutje pinda-sesamsalsa erover.

57. Boerenkool Linzen & Geroosterde Bieten Salade

Maakt: 3
INGREDIËNTEN:
- 1 middelgrote biet, gespoeld, schoongemaakt, gedroogd, in vieren gesneden
- 1/2 kopje groene linzen, gespoeld, schoongemaakt
- 3 middelgrote prei, bijgesneden, gesneden, gehakt
- 1 kop groentebouillon
- 4 flinke handenvol boerenkool, babyspinazie
- 1/4 theelepel elk zout en peper
- 2 eetlepels groentebouillon
- Tahini-dressing
- 1/4 kop tahini
- 4 eetlepels groentebouillon
- 1/2 middelgrote citroen, geperst
- 2 eetlepels ahornsiroop
- 1 snufje zout en peper

INSTRUCTIES:
a) Begin met het voorverwarmen van de oven op 400 ° F en borstel de bakplaat lichtjes met de groentebouillon.
b) Voeg linzen en groentebouillon (of water) toe aan een kleine steelpan en breng snel aan de kook op middelhoog vuur.
c) Zet het vuur lager en laat 20-30 minuten sudderen tot alle vloeistof is opgenomen. Opzij zetten.
d) Voeg gehakte prei en bieten toe aan de bakplaat, besprenkel met groentebouillon en breng op smaak met zout en peper. Gooi om te coaten.
e) Bak gedurende minstens 15-20 minuten tot geurig en lichtbruin en zet opzij.
f) Terwijl de groenten en linzen koken, bereidt u de dressing door alle ingrediënten in een mengkom te doen en met een garde te mengen. Proef en pas smaakmakers aan.
g) Voeg de boerenkool toe aan een aparte mengkom met een scheutje groentebouillon en citroensap en masseer met de handen om zacht te worden. Sla deze stap over voor de greens.
h) Voeg bieten, greens, prei en linzen toe aan een grote mengkom, voeg dressing toe en meng om te coaten. Serveer en geniet!

58. Bietensalade Met Gekruide Yoghurt En Waterkers

Merken: 4 TOT 6
INGREDIËNTEN:
- 2 pond bieten, getrimd, geschild en in stukjes van ¾ inch gesneden
- 1⅛ theelepel tafelzout, verdeeld
- 1¼ kopjes gewone Griekse yoghurt
- ¼ kopje gehakte verse koriander, verdeeld
- 3 eetlepels extra vierge olijfolie, verdeeld
- 2 theelepels geraspte verse gember
- 1 theelepel geraspte limoenschil plus 2 eetlepels sap, verdeeld
- 1 teentje knoflook, fijngehakt
- ½ theelepel gemalen komijn
- ½ theelepel gemalen koriander
- ¼ theelepel peper
- 5 ons (5 kopjes) waterkers, in hapklare stukjes gescheurd
- ¼ kopje gepelde pistachenoten, geroosterd en gehakt, verdeeld

INSTRUCTIES:

a) Combineer bieten, ⅓ kopje water en ½ theelepel zout in een grote kom. Dek af en magnetron tot bieten gemakkelijk kunnen worden doorboord met een schilmesje, 25 tot 30 minuten, roer halverwege de magnetron. Giet de bieten af in een vergiet en laat afkoelen.

b) Klop yoghurt, 3 eetlepels koriander, 2 eetlepels olie, gember, limoenschil en 1 eetlepel sap, knoflook, komijn, koriander, peper en ½ theelepel zout samen in een kom. Roer langzaam tot 3 eetlepels water erdoor tot het mengsel de consistentie van gewone yoghurt heeft. Breng op smaak met peper en zout. Verdeel het yoghurtmengsel over de serveerschaal.

c) Meng de waterkers met 2 eetlepels pistachenoten, 2 theelepels olie, 1 theelepel limoensap en een snufje zout in een grote kom. Schik het waterkersmengsel over het yoghurtmengsel en laat een rand van 2,5 cm van het yoghurtmengsel over. Gooi de bieten met de resterende 1 theelepel olie, de resterende 2 theelepels limoensap en het resterende snufje zout in de nu lege kom.

d) Verdeel het bietenmengsel over het waterkersmengsel. Bestrooi de salade met de resterende 1 eetlepel koriander en de resterende 2 eetlepels pistachenoten en serveer.

59. Salade van Bieten en Geitenkaas

Ingrediënten:

4 grote bieten, geroosterd en in plakjes
4 oz geitenkaas, verkruimeld
1/4 kopje gehakte walnoten
1/4 kopje gehakte verse peterselie
2 el balsamicoazijn
2 el olijfolie
Zout en peper naar smaak
Instructies:

Combineer in een grote mengkom de geroosterde en gesneden bieten, verkruimelde geitenkaas, gehakte walnoten en gehakte verse peterselie.
Klop in een aparte kleine mengkom de balsamicoazijn en olijfolie door elkaar.
Sprenkel de dressing over de salade.
Breng op smaak met peper en zout.
Gooi voorzichtig om te combineren.
Serveer op kamertemperatuur.

60. Salade van Bieten en Geitenkaas

Ingrediënten:
2 grote bieten, geroosterd en in plakjes
2 kopjes gemengde groenten
2 ons geitenkaas
1/4 kopje gehakte pecannoten
2 el balsamicoazijn
2 el olijfolie
Zout en peper naar smaak

Instructies:
Combineer in een mengkom de geroosterde en gesneden bieten, gemengde groenten, verkruimelde geitenkaas en gehakte pecannoten.
Klop in een aparte kleine mengkom de balsamicoazijn, olijfolie, zout en peper door elkaar.
Giet de dressing over de salade en meng tot alles goed gemengd is.
Serveer onmiddellijk.

61. Salade Van Bieten En Sinaasappel

Ingrediënten:

4 middelgrote bieten, geroosterd en in plakjes
2 sinaasappels, geschild en in plakjes
1/4 kopje verkruimelde geitenkaas
1/4 kopje gehakte walnoten
1/4 kopje gehakte verse peterselie
2 el olijfolie
2 el balsamicoazijn
Zout en peper naar smaak

Instructies:

Combineer in een grote mengkom de gesneden geroosterde bieten, gesneden sinaasappels, verkruimelde geitenkaas, gehakte walnoten en gehakte verse peterselie.

Klop in een aparte kleine mengkom de olijfolie en balsamicoazijn door elkaar.

Druppel de dressing over het bieten-sinaasappelmengsel en hussel door elkaar.

Breng op smaak met peper en zout.

Serveer gekoeld of op kamertemperatuur.

SOEP

62. Bieten Borsch

Maakt: 2 Porties

INGREDIËNTEN:
- 1 blik hele bieten
- 4 kopje water
- 1 hele ui, gepeld
- zout
- 2 volle eetlepels suiker
- ¼-½ theelepel zuur zout

INSTRUCTIES:
a) Laat de ui 10 minuten in water sudderen. Voeg geraspte (geraspte) bieten toe met sap en alle andere ingrediënten.
b) Laat 5 minuten sudderen. meer.
c) Proef en pas smaakmakers aan.
d) Serveer warm of koud.

63. Kool & bietensoep

Maakt: 8 Porties

INGREDIËNTEN:
- 1 med kool; gesneden of wig
- 3 Knoflook; kruidnagel fijngehakt
- Biet; veel
- 3 Wortel; weinig
- 1 Lg Ui
- 2 bleekselderij; stengels in 3e gesneden
- 3 pond bot; vlees/mergbeenderen
- 2 Citroen
- 2 blikken Tomaten; niet leeglopen

INSTRUCTIES:
a) Doe vlees en botten in een voorraadpot van 8 of 12 qt. Doe in blikken tomaten, bedek met water en breng aan de kook.
b) Maak ondertussen je groenten klaar. Snijd bieten en wortels in plakjes, andere gaan in hun geheel. Als de bouillon kookt, schep je de bovenkant eraf.
c) Doe de bieten, wortels, knoflook en andere groenten erin. Draai het vuur laag en houd de deksel schuin op de pan.
d) Voeg na ongeveer een uur knoflook en suiker toe.

64. Bieten- en karnemelksoep

Maakt: 6 Porties

INGREDIËNTEN:
- 5 Bieten
- 3 kopjes Karnemelk
- ¾ kopje Gehakte groene uien
- ⅔ kopje Lichtzure room
- 2 eetlepels Gehakte verse dille of koriander
- 1½ theelepel kristalsuiker
- 1½ theelepel Witte azijn
- ¼ theelepel Zout
- 1 kopje Komkommer; (in blokjes gesneden ongeschild)
- Takjes verse dille of koriander

INSTRUCTIES:

a) Doe een deksel op een pan met kokend gezouten water en kook de bieten tot ze gaar zijn en de schil er gemakkelijk afglijdt in ongeveer 25 minuten. Giet af en laat afkoelen; haal de velletjes eraf en snijd ze in blokjes van 5 mm. Dek af en zet in de koelkast tot het gekoeld is.

b) Klop in een grote kom karnemelk, ½ kopje (125 ml) uien, zure room, dille, suiker, azijn en zout bij elkaar. Dek af en zet in de koelkast tot het gekoeld is of tot 6 uur. Proef en pas op smaak.

c) Schep het karnemelkmengsel in serveerschalen. Roer de bieten en komkommer erdoor.

d) Garneer met de resterende groene uien en dille of koriandertakjes.

65. Bieten curry

Maakt: 4 porties

INGREDIËNTEN:
- 3 eetlepels ghee
- 1 snufje komijnzaad
- 1 elk laurierblad
- 2½ eetlepel Gesneden ui
- ¼ theelepel cayennepeper
- ¼ theelepel garam masala
- 1 middelgrote aardappel, in blokjes
- ½ kopje groene erwten
- 15 ons bieten, gekookt en in blokjes gesneden
- ½ theelepel Zout

INSTRUCTIES:
a) Verhit ghee en bak komijnzaad, laurierblad, gekruide ui, cayennepeper en garam masala gedurende 1 minuut.
b) Voeg aardappel, erwten en bieten toe en kook zachtjes gedurende 2 minuten. Voeg zout en een beetje water toe.
c) Laat zachtjes koken tot de aardappel gaar is.
d) Serveer over rijst.

66. Crème van bietensoep

Maakt: 6 porties

INGREDIËNTEN:
- 1 pond bieten, geschild en grof gehakt (ongeveer 3 medium)
- 1 grote ui, grof gesneden
- 1 takje verse marjolein OF
- 1 theelepel Gedroogde gehakte verse tijm
- 3 eetlepels Ongezouten boter
- 1 liter kippen- of groentebouillon
- ½ kopje zware room
- 2 eetlepels Goede rode wijnazijn
- Zout
- Peper
- ½ kopje zware room, licht opgeklopt
- Kleine croutons
- ¼ kopje Gehakte verse kruiden, zoals dille of marjolein

INSTRUCTIES:

a) Kook de bieten, ui en marjolein in boter in een pan van 4 liter op middelhoog vuur tot de ui een beetje zacht begint te worden, ongeveer 10 minuten. Voeg bouillon toe, dek de pan gedeeltelijk af en laat ongeveer 30 minuten sudderen, tot de bieten helemaal zacht zijn.

b) Controleer ze door er een met een houten lepel tegen de zijkant van de pot te drukken. Eventueel langer laten sudderen.

c) Pureer de soep in een blender of keukenmachine. Als u wilt dat de soep een gladdere textuur heeft, zeef deze dan door een zeef met een medium maaswijdte. Voeg room of azijn toe en breng de soep weer aan de kook. Kruid met peper en zout.

d) Om te serveren, schep in kommen en garneer met slagroom, croutons en kruiden, of serveer garnituren apart en laat gasten zichzelf bedienen.

67. Spinazie en bietensoep

Maakt: 8 Porties

INGREDIËNTEN:
- ½ kopje kikkererwten
- 2 kopjes Spinazie; gehakt
- 1 kopje bruine bonen
- 1 kopje Verse dille-wiet -of-
- ¼ kopje gedroogde dille-wiet
- 1 kop Linzen
- 4 Bieten; geschild en in kleine blokjes
- 1 grote ui; gehakt (tot)
- 2 eetlepels bloem (maximaal)
- 2 soepbotten; optioneel
- Gebakken uien & droge muntblaadjes (ter garnering)
- Zout & peper naar smaak
- Olie om te frituren (tot)
- 8 kopjes water

INSTRUCTIES:

a) Week de kikkererwten en kidneybonen 2 uur of een nacht. Kook de linzen in l-2 kopjes water tot ze zacht maar niet papperig zijn en zet opzij.

b) Bak de botten en uien in olie in een grote ketel. Breng op smaak en voeg water, kikkererwten, kidneybonen en bieten toe. Kook tot de kikkererwten zacht zijn.

c) Verwijder de botten en voeg spinazie, dille en linzen toe. Roer af en toe. Bak intussen de bloem bruin in een beetje olie en voeg toe aan de soep om hem dikker te maken.

d) Zet de soep op laag vuur en roer regelmatig tot hij gaar is. Serveer in een kom en garneer met gebakken ui of met gedroogde muntblaadjes toegevoegd aan hete olie.

68. Bietensoep

Maakt: 2 Porties

INGREDIËNTEN:
- 1 grote rode biet
- 1 kopje water
- 2 snufje komijnpoeder
- 2 snufje peper
- 1 snufje kaneel
- 4 snufje zout
- Pers van citroen
- ½ Eetlepel ghee

INSTRUCTIES:
a) Kook de bieten en pel ze.
b) Meng met het water en filter indien gewenst.
c) Kook het mengsel, voeg de resterende ingrediënten toe en serveer.

69. Curry van Bieten en Kikkererwten

Ingrediënten:
2 grote bieten, geschild en in blokjes gesneden
1 blik kikkererwten, uitgelekt en afgespoeld
1 ui, in blokjes
2 teentjes knoflook, fijngehakt
1 el geraspte gember
1 tl komijn
1 tl koriander
1 theelepel kurkuma
1 tl gerookt paprikapoeder
1 blikje kokosmelk
1/2 kop groentebouillon
2 el olijfolie
Zout en peper naar smaak

Instructies:
Verhit de olijfolie in een grote pan op middelhoog vuur.

Voeg de in blokjes gesneden ui, gehakte knoflook en geraspte gember toe en bak tot ze zacht en glazig zijn.

Voeg de in blokjes gesneden bieten toe en roer tot ze bedekt zijn met olie.

Voeg de komijn, koriander, kurkuma en gerookte paprika toe en roer tot gecombineerd.

Voeg de kikkererwten, kokosmelk en groentebouillon toe en roer tot een geheel.

Breng het mengsel aan de kook en kook tot de bieten zacht zijn en de saus is ingedikt, ongeveer 30-40 minuten.

Breng op smaak met peper en zout.

Serveer met rijst of naanbrood.

70. Stoofpotje van Bieten en Rundvlees

Ingrediënten:

2 pond runderstoofvlees
2 grote bieten, geschild en in blokjes gesneden
2 wortelen, geschild en in blokjes gesneden
1 ui, in blokjes
2 teentjes knoflook, fijngehakt
1 kop runderbouillon
1 kop rode wijn
2 el olijfolie
2 el bloem
1 eetl tomatenpuree
1 laurierblad
1 tl gedroogde tijm
Zout en peper naar smaak
Instructies:

Verhit de olijfolie in een grote pan op middelhoog vuur.
Kruid het runderstoofvlees met peper en zout en wentel het door de bloem.
Voeg het runderstoofvlees toe aan de pan en bruin aan alle kanten.
Haal het runderstoofvlees uit de pan en zet opzij.
Voeg de in blokjes gesneden ui en gehakte knoflook toe aan de pan en bak tot ze zacht en glazig zijn.
Voeg de in blokjes gesneden bieten en in blokjes gesneden wortelen toe aan de pot en roer tot ze gecombineerd zijn.
Voeg de tomatenpuree, laurier en gedroogde tijm toe en roer tot gecombineerd.
Voeg de runderbouillon en rode wijn toe en roer tot een geheel.
Doe het runderstoofvlees terug in de pan en breng het mengsel aan de kook.
Dek de pan af met een deksel en zet het vuur laag

71. Geroosterde Bietensoep

Ingrediënten:

4 middelgrote bieten, geroosterd
1 ui, gesnipperd
2 teentjes knoflook, fijngehakt
4 kopjes groentebouillon
1/2 kopje slagroom
2 el olijfolie
Zout en peper naar smaak
Instructies:

Verwarm de oven voor op 400°F.

Wikkel elke biet afzonderlijk in aluminiumfolie en rooster gedurende 45-60 minuten, of tot ze gaar zijn.

Als de bieten zijn afgekoeld, pelt u ze en snijdt u ze in kleine stukjes.

Verhit de olijfolie in een grote pan op middelhoog vuur.

Voeg de gesnipperde ui en fijngehakte knoflook toe en bak tot ze zacht en glazig zijn.

Voeg de gehakte geroosterde bieten en groentebouillon toe aan de pan en breng aan de kook.

Laat 10-15 minuten sudderen, of tot de bieten heel zacht zijn.

Pureer de soep in een blender of met een staafmixer.

Roer de slagroom erdoor en breng op smaak met zout en peper.

Heet opdienen.

72. Romige Bietensoep

Ingrediënten:

4 middelgrote bieten, geroosterd en in blokjes gesneden
1 ui, gesnipperd
2 teentjes knoflook, fijngehakt
4 kopjes groentebouillon
1 kopje slagroom
2 el olijfolie
Zout en peper naar smaak
Instructies:

Verhit de olijfolie in een grote pan op middelhoog vuur.

Voeg de gesnipperde ui en fijngehakte knoflook toe en bak tot ze zacht en glazig zijn.

Voeg de in blokjes gesneden geroosterde bieten en groentebouillon toe aan de pan en breng aan de kook.

Laat 10-15 minuten sudderen, of tot de bieten heel zacht zijn.

Pureer de soep in een blender of met een staafmixer.

Roer de slagroom erdoor en breng op smaak met zout en peper.

Heet opdienen.

73. Pittige Bietensoep

Ingrediënten:

4 middelgrote bieten, geschild en in blokjes gesneden
1 ui, gesnipperd
2 teentjes knoflook, fijngehakt
4 kopjes groentebouillon
1 tl gemalen komijn
1 tl gerookt paprikapoeder
1/2 tl cayennepeper
1/2 kopje zure room
2 el olijfolie
Zout en peper naar smaak

Instructies:
Verhit de olijfolie in een grote pan op middelhoog vuur.
Voeg de gesnipperde ui en fijngehakte knoflook toe en bak tot ze zacht en glazig zijn.
Voeg de in blokjes gesneden bieten, groentebouillon, gemalen komijn, gerookte paprika en cayennepeper toe aan de pan en breng aan de kook.
4. Laat 30-45 minuten sudderen, of tot de bieten heel zacht zijn.

Pureer de soep in een blender of met een staafmixer.

Roer de zure room erdoor en breng op smaak met zout en peper.

Heet opdienen.

74. Bieten En Wortelsoep

Ingrediënten:

2 middelgrote bieten, geschild en in blokjes gesneden
2 middelgrote wortels, geschild en in blokjes gesneden
1 ui, gesnipperd
2 teentjes knoflook, fijngehakt
4 kopjes groentebouillon
2 el olijfolie
Zout en peper naar smaak
Instructies:

Verhit de olijfolie in een grote pan op middelhoog vuur.
Voeg de gesnipperde ui en fijngehakte knoflook toe en bak tot ze zacht en glazig zijn.
Voeg de in blokjes gesneden bieten, in blokjes gesneden wortelen en groentebouillon toe aan de pan en breng aan de kook.
Laat 30-45 minuten sudderen, of tot de bieten en wortels heel zacht zijn.
Pureer de soep in een blender of met een staafmixer.
Breng op smaak met peper en zout.
Heet opdienen.

ZIJDEN

75. Bieten Met Mosterdzaadjes En Kokosnoot

Maakt: 3 kopjes

INGREDIËNTEN:
- 1 eetlepel olie
- 1 theelepel zwarte mosterdzaadjes
- 1 gele of rode ui, gepeld en in blokjes gesneden
- 2 theelepels gemalen komijn
- 2 theelepels gemalen koriander
- 1 theelepel Zuid-Indiase masala
- 1 eetlepel ongezoete, geraspte kokosnoot
- 5 bieten, geschild en in blokjes gesneden
- 1 theelepel grof zeezout
- 1½ kopje water

INSTRUCTIES:

a) Verhit de olie in een zware pan op middelhoog vuur.

b) Voeg de mosterdzaadjes toe en kook 30 seconden, of tot ze sissen.

c) Voeg de ui toe en bak 1 minuut, of tot hij bruin begint te worden.

d) Voeg de komijn, koriander, Zuid-Indiase masala en kokosnoot toe.

e) Laat 1 minuut koken na het toevoegen van de bieten.

f) Voeg het zout en het water toe.

g) Breng aan de kook, zet het vuur laag, dek af en laat 15 minuten sudderen.

76. Geroosterde Wortelgroenten

Maakt: 6 tot 8 porties

INGREDIËNTEN:
- 3 pond in blokjes gesneden bieten
- 1 kleine rode ui
- ¼ kopje kokosolie
- 1 ½ theelepel koosjer zout
- ¼ theelepel versgemalen zwarte peper
- 2 eetlepels rozemarijnblaadjes, gehakt

INSTRUCTIES:
a) Schik een rooster in het midden van de oven en verwarm de oven tot 225°F.
b) Leg de wortelgroenten en rode ui op een omrande bakplaat. Besprenkel met ¼ kopje kokosolie, bestrooi met koosjer zout en zwarte peper en meng om gelijkmatig te coaten. Spreid uit in een gelijkmatige laag.
c) Rooster 30 minuten.
d) Haal de bakplaat uit de oven, bestrooi de groenten met de rozemarijn en hussel door elkaar. Verspreid terug in een gelijkmatige laag.
e) Blijf braden tot de groenten zacht en gekarameliseerd zijn, nog 10 tot 15 minuten.

77. Bieten in Grand Marnier

Maakt: 6 porties

INGREDIËNTEN:
- 6 Bieten, geschrobd en bijgesneden
- 2 eetlepels Zoete boter
- 3 eetlepels Grand Marnier
- 1 theelepel geraspte sinaasappelschil

INSTRUCTIES:
a) Stoom de bieten in een stomer boven kokend water, afgedekt, gedurende 25 tot 35 minuten, of tot ze zacht zijn.
b) Verfris de bieten onder koud water, haal de schil eraf en snijd de bieten in partjes van ⅜-inch.
c) Kook de bieten in een grote koekenpan in de boter op matig vuur en roer gedurende 3 minuten.
d) Roer de Grand Marnier, de sinaasappelschil en zout naar smaak erdoor; laat het mengsel afgedekt 3 minuten sudderen.

78. Bieten in zure room

Maakt: 4 Porties

INGREDIËNTEN:
- 16 ons Kan bieten, uitgelekt en in blokjes gesneden
- 1 eetlepel Cider azijn
- ¼ theelepel Elke knoflook zout en peper
- ¼ kopje zure room
- 1 theelepel Suiker

INSTRUCTIES:

a) Combineer alle ingrediënten in een glazen braadpan van 1 liter. Roer voorzichtig om te mengen.

b) Magnetron, afgedekt, 3-5 minuten op Hoog, of tot het goed is opgewarmd. Roer elke 2 minuten.

c) Laat afgedekt 2-3 minuten staan alvorens te serveren.

… Cranberry-bieten

Maakt: 6 Porties

INGREDIËNTEN:
- 1 blik (16 oz.) In blokjes gesneden bieten, uitgelekt
- 1 blik (16 oz.) Hele bessen of gegeleerde cranberrysaus
- 2 eetlepels Sinaasappelsap
- 1 theelepel geraspte sinaasappelschil
- 1 scheutje Zout

INSTRUCTIES:

a) Combineer alle ingrediënten in een pan; verwarm grondig, af en toe roerend.

b) Dien meteen op. Lekker met kalkoen of ham.

80. Honingbieten

Maakt: 7 porties

INGREDIËNTEN:
- 6 kopjes water
- 1 eetlepel Azijn
- 1 theelepel Zout
- 5 middelgrote bieten
- 1 middelgrote ui, gehakt
- 2 eetlepels margarine
- 2 eetlepels Honing
- 1 eetlepel Citroensap
- ½ theelepel Zout
- ⅛ theelepel gemalen kaneel
- 1 eetlepel Peterselie, geknipt

INSTRUCTIES:
a) Verwarm water, azijn en 1 theelepel zout tot het kookt. Bieten toevoegen. Laat sudderen tot ze zacht zijn, 35 tot 45 minuten; droogleggen. Laat koud water over bieten lopen; glijd van de huid en verwijder de worteluiteinden. Bieten in kleine stukjes snijden.
b) Kook en roer ui in margarine in een 10 "koekenpan op middelhoog vuur tot de ui ongeveer 5 minuten zacht is. Roer de bieten, honing, citroensap, ½ theelepel zout en kaneel erdoor.
c) Verwarm af en toe roerend, tot de bieten heet zijn, ongeveer 5 minuten.
d) Bestrooi met peterselie.

81. Geroosterde Bietenpartjes

Maakt: 4

INGREDIËNTEN:
- 1 pond middelgrote verse bieten, geschild
- 1/2 theelepel koosjer zout
- 8 theelepels groentebouillon
- 5 takjes verse rozemarijn

INSTRUCTIES:
a) Verwarm de oven voor op 400 ° F.
b) Snijd elke biet in partjes, afhankelijk van hoeveel porties gewenst zijn. Gooi in de groentebouillon en zout om te coaten.
c) Plaats een 12-inch lang stuk stevige folie in een bakvorm.
d) Leg de bieten op de folie en bestrooi met rozemarijn. Wikkel de bieten in folie en sluit goed af.
e) Bak minimaal 1 uur of tot de aardappelen gaar zijn.
f) Laat de stoom ontsnappen door de folie voorzichtig te openen. Verwijder de takjes rozemarijn. Serveer en geniet!

SAUZEN EN RELISHEN

82. Bieten Marmelade

Voor: 2 potten

INGREDIËNTEN:
- 4 rode bieten, geroosterd en geschild
- 1 ½ kopje suiker
- 1 citroen
- 2 eetlepels gember, gehakt

INSTRUCTIES:
a) Snijd eerst de stengels af en verwijder het dunne worteluiteinde.
b) Wikkel de biet in folie en leg deze op de bakplaat. Plaats het in de oven en kook gedurende 45 minuten tot 1 minuut. Laat het afkoelen en pel het dan.
c) Voeg de biet toe aan de keukenmachine en pulseer tot gehakt.
d) Doe de bieten in de pan. Voeg vervolgens suiker toe en roer goed.
e) Snijd de citroen in grove stukken en doe deze samen met de gehakte gember in de keukenmachine. Mixen tot een gladde substantie.
f) Doe het in de pan en kook op middelhoog vuur.
g) Doe hete marmelade in de hete en gesteriliseerde potten en laat staan ¼- *inch vrije ruimte*.
h) Voeg water toe aan de waterbadkan en breng aan de kook.
i) Plaats potten in de waterbadkan en breng aan de kook.
j) Bedek de waterbadkan en verwerk gedurende 15 minuten.
k) Haal de potten uit de waterbadkan en laat ze afkoelen.

83. Rode biet Relish

Voor: 2 potten

INGREDIËNTEN:
- Rode biet, 2 kopjes
- Sinaasappels, 2
- Appelazijn, 500ml
- Bruine suiker, 400 g
- Uien, 3, gehakt
- Appels, 3, geschild en in stukjes gesneden
- Knoflook, 2 teentjes, geplet
- Zout, 1 eetlepel
- kruidnagel, 4
- Laurierblad, 1
- Kaneel, 1 stokje
- Verse gember, 1 theelepel, geraspt
- Spaanse peper, 2, gehakt

INSTRUCTIES:
a) Voeg alle ingrediënten toe aan de pan en laat 1 uur sudderen.
b) Gooi het laurierblad en het kaneelstokje weg.
c) Als je klaar bent, breng je het mengsel over in de potten, waarbij je een vrije ruimte van ¼ inch overlaat.
d) Plaats de potten in de waterbadkan.
e) Proces gedurende 5 minuten.
f) Bewaar het maximaal een maand in de koelkast.

84. Ingemaakte Bieten

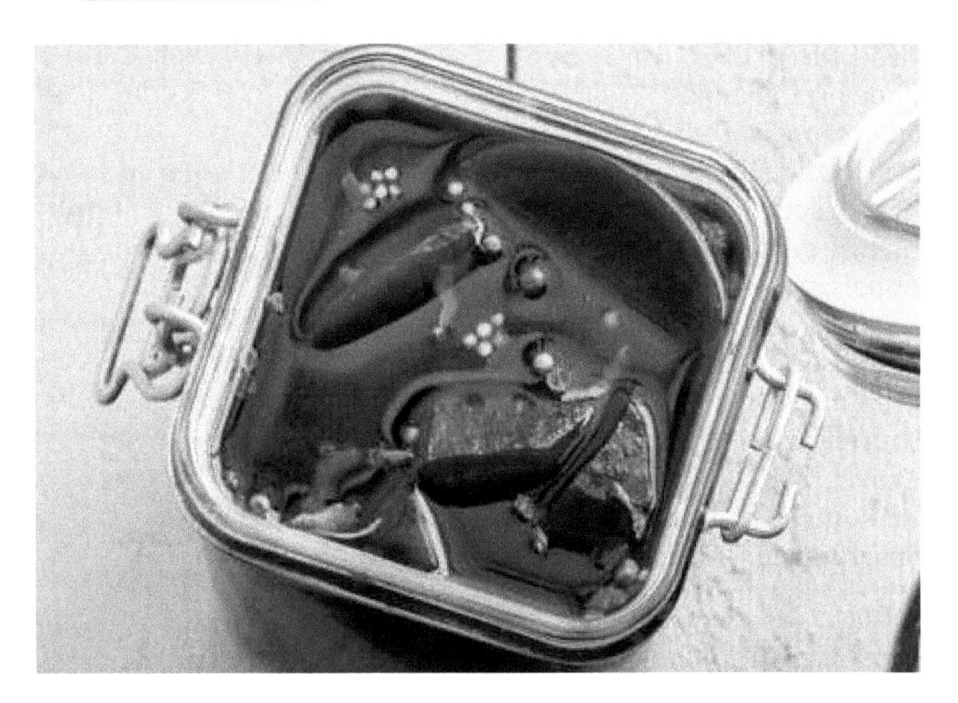

INGREDIËNTEN:
- 8 kleine bieten
- 1 kopje ciderazijn
- 1 theelepel zout
- ¼ kopje suiker
- 5 peperkorrels
- 1 theelepel beitskruid
- 1 laurierblad, vers boortje

INSTRUCTIES:
a) Bieten iets stevig koken.
b) Giet af en bewaar 1 kopje vloeistof.
c) Vul een pot tot ongeveer ¼ inch vanaf de bovenkant
d) Combineer de bietenvloeistof met de rest van de vloeistof en kruiden en breng aan de kook, vul de pot en verwerk gedurende 10 minuten.

NAGERECHT

85. Ganache van bieten-limoen

Maakt: 1½ kopjes

INGREDIËNTEN:
- 2 middelgrote bieten, geschild en in stukjes gesneden
- 1 limoen
- melk indien nodig
- 4¼ ons witte chocolade
- 2 eetlepels boter
- ¼ kopje glucose
- ¼ kopje koude slagroom
- ¾ theelepel koosjer zout

INSTRUCTIES:
a) Verwarm de oven tot 325 ° F.
b) Wikkel de stukjes bieten in een groot vel aluminiumfolie en leg ze op een bakplaat om ze gemakkelijk te kunnen hanteren. Rooster 1 tot 2 uur, of tot de bieten aan de papperige kant van mals zijn, geef ze extra intervallen van 30 minuten in de oven als ze dat niet zijn.
c) Rasp ondertussen de schil van de limoen; reserveren. Pers 8 g (2 theelepels) sap uit de limoen en bewaar.
d) Doe de bieten in een blender en pureer ze. (Als je blender problemen geeft, voeg dan maximaal 1 eetlepel melk toe om het op gang te helpen.) Passeer de puree door een fijnmazige zeef - het moet de textuur hebben van Libby's pompoenpuree (of babyvoeding). Meet 120 g bietenpuree af. Laten afkoelen.
e) Combineer de witte chocolade en boter in een magnetronbestendige schaal en smelt ze voorzichtig in de magnetron in uitbarstingen van 15 seconden, roer tussen de

ontploffingen door. Het resultaat moet nauwelijks warm aanvoelen en homogeen zijn.

f) Breng het chocolademengsel over in een container die plaats biedt aan een staafmixer - iets lang en smal, zoals een plastic delicatessencontainer van 1 liter. Verwarm de glucose gedurende 15 seconden in de magnetron, voeg het dan direct toe aan het chocolademengsel en roer met de staafmixer. Giet na een minuut de slagroom erdoor, terwijl de staafmixer draait - het mengsel zal samenvloeien tot iets zijdeachtigs, glanzend en glad.

g) Meng de bietenpuree, limoenrasp en zout erdoor. Zet de ganache 30 minuten in de koelkast om op te stijven.

h) Gebruik een spatel om het limoensap door de ganache te spatelen (doe dit pas als de ganache gestold is, anders breekt de ganache). Zet de ganache terug in de koelkast voor minimaal 3 uur, of liever een hele nacht. In een luchtdichte verpakking is het 1 week houdbaar in de koelkast. Serveer koud.

86. Bieten cake

Maakt: 10 Porties

INGREDIËNTEN:
- 1 kopje Crisco-olie
- ½ kopje boter, gesmolten
- 3 eieren
- 2 kop suiker
- 2½ kopje bloem
- 2 theelepels kaneel
- 2 theelepels zuiveringszout
- 1 theelepel zout
- 2 theelepels vanille
- 1 kopje Harvard-bieten
- ½ kopje romige kwark
- 1 kopje geplette ananas, uitgelekt
- 1 kopje gehakte noten
- ½ kopje kokosnoot

INSTRUCTIES:
a) Meng olie, boter, eieren en suiker.
b) Voeg bloem, kaneel, frisdrank en zout toe.
c) Vouw vanille, bieten, kwark, ananas, noten en kokosnoot erdoor.
d) Giet in een 9x13-inch pan.
e) Bak op 350 gedurende 40-45 minuten. Serveer met slagroom.

87. Bietengratin

Maakt: 4 porties

INGREDIËNTEN:
- 4 kopjes Gesneden bieten (zowel rood als geel), gesneden ½-inch dik
- 1 kopje dun gesneden uien
- 2 kopjes gekruide broodkruimels
- 3 eetlepels Boter
- Olijfolie, om te besprenkelen
- Parmezaanse kaas, om te bestrooien
- Creoolse kruiden, om te bestrooien
- Zout en witte peper

INSTRUCTIES:
a) Verwarm de oven voor op 375 graden F. In een beboterde gratin of zware ovenschaal, laag bieten, uien en de helft van de broodkruimels, bestrooi elk met boter en kruid elke laag met olijfolie, Parmezaanse kaas, Creoolse kruiden en zout en peper, proeven.

b) Werk af met een laag paneermeel erop. Bak, afgedekt, gedurende 45 minuten. Dek af en bak nog 15 minuten, of tot de bovenkant bruin en bruisend is. Serveer direct van het gerecht.

88. Bietengroene soufflé

Voor: 1 soufflé

INGREDIËNTEN:
- 3 eetlepels Parmezaanse kaas; geraspt
- 2 middelgrote bieten; gekookt en geschild
- 2 eetlepels Boter
- 2 eetlepels Meel
- ¾ kopje kippenbouillon; heet
- 1 kopje bietengranen; gebakken
- ½ kopje Cheddar-kaas; geraspt
- 3 Eierdooiers
- 4 Eiwitten

INSTRUCTIES:
a) Boter een 1 qt. souffléschotel; bestrooi met Parmezaanse kaas. Snijd de gekookte bieten in plakjes en bekleed hiermee de bodem van de souffléschaal.
b) Smelt de boter in een kleine steelpan, roer de bloem erdoor, voeg de hete bouillon toe en blijf koken tot het iets dikker is, en doe het dan in een grotere kom. Hak de bietengranen grof en voeg ze toe aan de saus samen met Cheddar-kaas.
c) Klop in een aparte kom de eidooiers los; meng ze met het bietengroenmengsel. Klop de eiwitten tot ze pieken vormen. Vouw in een kom met andere ingrediënten; meng goed. Doe alles in een beboterde souffléschaal. Bestrooi met Parmezaanse kaas.
d) Bak gedurende 30 minuten op 350 F., of tot de soufflé gepoft en goudbruin is.

89. Bietenmousse

Maakt: 1 Portie

INGREDIËNTEN:
- 3 middelgrote bieten; Gekookt op hun huid
- 2½ kopje kippenbouillon
- 2 pakjes gelatine zonder smaak
- 1 kop Ongearomatiseerde yoghurt
- 2 eetlepels Citroen- of limoensap
- 1 kleine geraspte ui
- 1 eetlepel Suiker
- 1 eetlepel Mosterd
- Zout en peper; proeven

INSTRUCTIES:
a) Schil en in blokjes gekookte bieten.
b) Doe de gelatine in een kom met 6 T water en roer. Laat 2 minuten staan en giet al roerend de hete kippenbouillon erbij.
c) Verwerk alle ingrediënten behalve gelatine samen. Juiste kruiden.
d) Voeg afgekoelde gelatine toe en verwerk het om te mengen.
e) Giet in een geoliede vorm om op te stijven 6. Ontvorm en serveer in het midden van het bord omringd door kipcurrysalade of garnalensalade

90. Bieten notenbrood

Maakt: 1 portie

INGREDIËNTEN:
- ¾ kopje Verkorting
- 1 kopje Suiker
- 4 eieren
- 2 theelepels vanille
- 2 kopjes geraspte bieten
- 3 kopjes meel
- 2 theelepels bakpoeder
- 1 theelepel Zuiveringszout
- ½ theelepel kaneel
- ¼ theelepel Gemalen nootmuskaat
- 1 kop Gehakte noten

INSTRUCTIES:
a) Klop het bakvet en de suiker licht en luchtig. Mix de eieren en vanille erdoor. Roer de bieten erdoor.
b) Voeg gecombineerde droge ingrediënten toe; Meng goed. Roer de noten erdoor.
c) Giet in ingevette en met bloem bestoven 9x5 "broodpan.
d) Bak op 350'F. gedurende 60-70 minuten of tot de houten tandenstoker die in het midden is gestoken er schoon uitkomt.
e) Koel gedurende 10 minuten; uit de pan halen.

91. Taartje Van Geroosterde Bieten En Geitenkaas

Ingrediënten:

1 vel bladerdeeg, ontdooid
2 grote bieten, geroosterd en in plakjes
4 oz geitenkaas, verkruimeld
1/4 kopje gehakte walnoten
2 el honing
2 el balsamicoazijn
2 el olijfolie
Zout en peper naar smaak

Instructies:

Verwarm de oven voor op 190°C.

Rol het bladerdeeg uit op een licht met bloem bestoven werkvlak.

Leg het bladerdeeg op een bakplaat.

Leg de geroosterde en in plakjes gesneden bieten op het bladerdeeg.

Strooi de verkruimelde geitenkaas en gehakte walnoten over de bieten.

Sprenkel de honing, balsamicoazijn en olijfolie over de taart.

Breng op smaak met peper en zout.

Bak 25-30 minuten of tot het deeg goudbruin is.

Serveer warm.

92. Taart van Bieten en Feta

Ingrediënten:

1 taartbodem uit de winkel
2 grote bieten, geroosterd en in plakjes
1/2 kopje verkruimelde fetakaas
1/4 kopje gehakte verse peterselie
2 eieren
1/2 kopje slagroom
Zout en peper naar smaak
Instructies:

Verwarm de oven voor op 190°C.

Rol de taartbodem uit en doe deze in een taartvorm van 23 cm doorsnee.

Leg de geroosterde en in plakjes gesneden bieten op de taartbodem.

Strooi de verkruimelde fetakaas en gehakte verse peterselie erover.

Klop in een aparte kleine mengkom de eieren en slagroom samen.

Giet het eimengsel over het bieten-fetamengsel.

Breng op smaak met peper en zout.

Bak in de voorverwarmde oven gedurende 30-35 minuten, of tot de taart stevig is en de korst goudbruin is.

Serveer warm of op kamertemperatuur.

DRANKJES

93. Komkommer rode biet drankje

Maakt: 2

INGREDIËNTEN:
- 3 wortels
- 1 komkommer
- 1 groene paprika
- 1 rode biet (middelgroot)
- 2 tomaten
- 1 inch gember

INSTRUCTIES:
a) Was alle onderdelen grondig en snijd ze grof.
b) Pers alles uit behalve de komkommer, die pers je na de gember uit om alles door de sapcentrifuge te krijgen.

94. Smoothie van appel, biet en aardbei

Maakt: 2

INGREDIËNTEN:
- 1 kopje bevroren aardbeien, geschild en in plakjes
- 1 rode biet, geschild en in stukjes gesneden
- 1 kopje appel, geschild, klokhuis verwijderd en in plakjes gesneden
- 3 Medjool dadels, ontpit en fijngehakt
- ¼ kopje extra vergine kokosolie
- ½ kopje amandelmelk, ongezoet

INSTRUCTIES:
a) Combineer alle ingrediënten en mix tot een gladde massa.
b) Schenk de smoothie in twee glazen en serveer.

95. Bietensap Met Gember En Citroen

Ingrediënten:

2 middelgrote bieten, geschild en in stukjes gesneden
1 inch stuk verse gember, geschild en fijngehakt
1 citroen, geperst
1-2 kopjes water
Instructies:

Voeg de bieten, gember en citroensap toe aan een blender.

Voeg voldoende water toe om de ingrediënten te bedekken.

Mixen tot een gladde substantie.

Zeef door een fijnmazige zeef of kaasdoek.

Serveer over ijs.

96. Bieten En Ananas Smoothie

Ingrediënten:

2 middelgrote bieten, geschild en in stukjes gesneden
1 kopje bevroren stukjes ananas
1 banaan
1 kopje kokoswater
1 el honing
Instructies:

Voeg de bieten, stukjes ananas, banaan, kokoswater en honing toe aan een blender.

Mixen tot een gladde substantie.

Serveer over ijs.

97. Bieten en Bessen Smoothie

Ingrediënten:

2 middelgrote bieten, geschild en in stukjes gesneden
1 kopje gemengde bessen (aardbeien, bosbessen, frambozen)
1 banaan
1 kopje amandelmelk
1 el honing
Instructies:

Voeg de bieten, gemengde bessen, banaan, amandelmelk en honing toe aan een blender.

Mixen tot een gladde substantie.

Serveer over ijs.

98. Bieten- en Wortelsap

Ingrediënten:

2 middelgrote bieten, geschild en in stukjes gesneden
2 middelgrote wortelen, geschild en in stukjes gesneden
1 appel, klokhuis verwijderd en in stukjes gesneden
1 inch stuk verse gember, geschild en fijngehakt
Instructies:

Voeg de bieten, wortels, appel en gember toe aan een sapcentrifuge.

Pers de ingrediënten uit.

Serveer over ijs.

99. Bieten Kvas

Ingrediënten:

2 middelgrote bieten, geschild en in stukjes gesneden
1 el zeezout
4 kopjes gefilterd water
Instructies:

Voeg de bieten, zeezout en gefilterd water toe aan een glazen pot. Bedek de pot met een deksel en schud om het zout op te lossen. Laat de pot 2-3 dagen op kamertemperatuur staan, of totdat het mengsel licht zuur en bruisend wordt.
Zeef het mengsel door een fijnmazige zeef.
Serveer het kwas gekoeld.

CONCLUSIE

We hopen dat dit kookboek je een hernieuwde waardering heeft gegeven voor de eenvoudige biet en alle heerlijke manieren waarop het in de keuken kan worden gebruikt. Of je nu op zoek bent naar gezonde, voedzame maaltijden of gewoon wat levendige kleuren aan je gerechten wilt toevoegen, bieten zijn een veelzijdige en heerlijke optie.

Door bieten in uw kookkunsten op te nemen, kunt u profiteren van hun talrijke gezondheidsvoordelen, van het stimuleren van uw immuunsysteem tot het verbeteren van uw atletische prestaties. Wees dus niet bang om te experimenteren met verschillende recepten en kooktechnieken en ontdek de eindeloze mogelijkheden van deze geweldige knolgewas.

Bedankt dat je voor ons bietenkookboek hebt gekozen en we hopen dat de recepten en tips in dit boek je zullen inspireren om bieten een vast onderdeel van je dieet te maken. Veel kookplezier!

Milton Keynes UK
Ingram Content Group UK Ltd.
UKHW022026170823
427026UK00016B/645